Collection de M. Th. H...zog.

ESTAMPES

ANCIENNES ET MODERNES

École française du XVIIIe siècle

PIÈCES IMPRIMÉES EN NOIR ET EN COULEUR

DESSINS

Vente du Lundi 3 au Samedi 8 Avril 1876

EXPOSITION PUBLIQUE

Le Dimanche 2 Avril 1876, de une heure à quatre heures.

Me Maurice DELESTRE	MM. DANLOS fils et DELISLE
COMMISS^{re}-PRISEUR	MARCHANDS D'ESTAMPES
rue Drouot, n° 23	Quai Malaquais, n° 15

PARIS — 1876

CATALOGUE

DES

ESTAMPES

De l'École française du XVIIIe siècle

PIÈCES IMPRIMÉES EN NOIR ET EN COULEUR

PORTRAITS

ESTAMPES ANCIENNES

PAR

A. Bosse, Callot, A. Durer, C. le Lorrain, Goltzius, Ostade
Rembrandt, etc.

ESTAMPES MODERNES AVANT LA LETTRE

PAR

Desnoyers, Forster, Morghem, Strange, Wille, etc.

DESSINS

COMPOSANT

La Magnifique Collection de M. Th. H...

DONT LA VENTE AUX ENCHÈRES PUBLIQUES AURA LIEU

HOTEL DES COMMISSAIRES-PRISEURS

RUE DROUOT, 5, SALLE N° 4

Du Lundi 3 au Samedi 8 Avril 1876

A 1 HEURE 1/2 TRÈS-PRÉCISES

Par le ministère de Me **MAURICE DELESTRE**, Commissaire-Priseur,
successeur de M. DELBERGUE-CORMONT, rue Drouot, 23,
Assisté de **MM. DANLOS** FILS et **DELISLE**, marchands d'Estampes,
quai Malaquais, 15.

EXPOSITION PUBLIQUE

Le Dimanche 2 Avril 1876, de une heure à quatre heures.

—

PARIS — 1876

CONDITIONS DE LA VENTE

Elle sera faite au comptant.

Les Acquéreurs paieront, en sus des adjudications, CINQ POUR CENT.

MM. DANLOS fils et DELISLE, chargés de la vente, se réservent la faculté de rassembler ou de diviser les lots.

ORDRE DES VACATIONS

Lundi	3	*Avril 1876*.......	Nᵒˢ	1 à	247
Mardi	4	—		248 à	510
Mercredi	5	—		511 à	754
Jeudi	6	—		755 à	1000
Vendredi	7	—		1001 à	1251
Samedi	8	—		1252 à	1465

NOTICE

—

Nous nous permettons d'appeler l'attention du Public sur
la précieuse collection d'Estampes qui va passer, dans
quelques jours, à l'Hôtel des Ventes, sous le feu des
enchères et dont le catalogue, ci-dessous décrit, a été
rédigé par MM. Danlos fils et Delisle.

Cette collection, dont la presque totalité embrasse
l'époque charmante du xviiie siècle, a été réunie depuis de
longues années par un amateur qui avait su mettre dans
ses acquisitions un goût et un tact devant lesquels s'incli-
nent tous ceux qui ont eu la bonne chance de visiter ses
nombreux portefeuilles.

Il est inutile aujourd'hui de faire l'éloge de ce qu'on
appelle en matière d'estampes : l'*École française;* la cause
est dès longtemps jugée; et le goût, la mode, ainsi que le
sentiment de la justice ont depuis quelques années fait
bon marché du délaissement et de l'oubli dans lesquels
se trouvaient, il y a peu de temps encore, tant de noms
dont nous sommes fiers chez nous et qui ne sont pas à
l'étranger un des moindres titres de notre gloire
nationale.

Aussi, n'avons nous pas l'intention de faire ressortir le
talent des Maîtres dont les noms sont cités dans cette
vente; nous n'avons qu'un but, indiquer rapidement ces
quelques noms en fixant l'attention du Public sur les plus
belles pièces de leur œuvre et sur la qualité des épreuves

au bas desquels leurs noms sont inscrits. Nous trouvons :
de Baudouin, de Boilly, des épreuves de choix; de Boucher,
une longue et magnifique série; quelques Chardin d'une
belle condition; une jolie réunion d'Eisen, de Fragonard.
La première suite du costume, par Freudeberg; presque
toutes les gravures d'après Greuze et entre autres une
splendide épreuve avant la lettre de la *Cruche cassée;* une
série de pièces fort curieuses sur les Incroyables et différentes scènes de mœurs du temps du Directoire; presque
tous les Lancret en bonne et belle condition; les
Lavreince. La deuxième et troisième suite du costume, par
Moreau (la deuxième suite avec privilége); un choix de
belles gravures d'après Pater, Queverdo, Saint-Aubin, de
ce dernier le *Bal* paré et le *Concert* en superbes épreuves,
et enfin, pour terminer la série des gravures en noir de
l'École française, environ quatre-vingt-dix-huit pièces,
d'après Watteau, parmi lesquelles on remarque l'*Assemblée
galante*, l'*Amour paisible* et le *Rendez-vous de chasse* en
épreuves avant toutes lettres.

Comme gravures en couleur citons : l'œuvre presque
complet de Debucourt, sur lequel nous appelons tout par-
ticulièrement l'attention des amateurs. Nous leur signalons comme pièces hors ligne et bien rares à trouver dans
de pareilles conditions, les épreuves avant la lettre des
Deux Baisers, du *Bouquet* et du *Compliment*, de la *Promenade
publique* et de la *Noce au château.*

Une belle série de Demarteau, de Huet, de Janinet, de
Lavreince. Dans les pièces en couleur, gravées d'après ce
dernier artiste : l'*Aveu difficile*, superbe épreuve avant la
lettre, mérite une mention toute spéciale.

Nous arrivons maintenant à la section des portraits,
presque exclusivement portraits de femmes.

Il nous est impossible de les signaler tous, quoique
tous méritent de l'être. Nous nous bornerons à en indi-

quer quelques-uns parmi les meilleurs. En première
ligne, la *Belle Jardinière* (Mme de Pompadour) avant
toutes lettres et dans un état de fraîcheur exceptionnel ;
Mme Dubarry, d'après Drouais, par Beauvarlet ; *Marie-
Antoinette* d'après Fredou, par Cathélin, *Mademoiselle de
La Vallière* par Larmessin ; *Mlle d'Oligny*, d'après Vanloo
par Hubert : toutes épreuves avant la lettre. Une suite de
beaux portraits de la grande mademoiselle et de Marie
Leckzinska, etc., etc.

Outre les estampes dont nous venons de parler et qui
ne comprennent que des pièces de l'École française, le
catalogue renferme encore un très-beau choix de quelques
grands maîtres de l'École ancienne et de l'École moderne.
qu'il nous suffise de dire que ces maîtres sont, pour les
anciens : Abraham Bosse, Callot, A. Durer, C. le Lorrain,
Ad. V. Ostade, Rembrandt. De ce dernier signalons en
épreuves exceptionnelles la *Chaumière* et la *Grange à foin*,
l'*Annonciation aux Bergers* et le *Paysage au trois Arbres*.
Pour les modernes, Desnoyers, Forster, Toschi, Massard,
Strange, Wille, qui sont représentés par quelques-unes de
leurs plus belles pièces, épreuves avant la lettre et
irréprochables.

Ém. BOCHER.

DÉSIGNATION

ÉCOLE FRANÇAISE DU XVIIIe SIÈCLE

PIÈCES IMPRIMÉES EN NOIR

A. E. G. (D'après)

1 — Vénus châtiant l'Amour, gravé par Valperga.
Très-belle épreuve avant la lettre.

AUBERT (D'après L.)

2 — Le Dessin, par Duflos.
Belle épreuve.

AUBRY (D'après E.)

3 — L'Abus de la crédulité, par de Launay.
Superbe épreuve avant la dédicace, marge.

4 — L'Heureuse nouvelle, par J.-B. Simonet.
Très-belle épreuve avant la lettre, grande marge.

5 — Le Mariage conclu. — Le Mariage rompu. Deux
pièces faisant pendants, gravées par de Launay.
Très-belles épreuves avant la lettre ; seulement les titres avec
les lettres tracées.

BAUDOUIN (D'après PIERRE-ANTOINE)

6 — Les Amants surpris. — Les Amours champêtres (E. Bocher 3 et 7) (1). Deux pièces faisant pendants, gravées par P.-P. Choffard.

Très-belles épreuves.

7 — L'Amour à l'épreuve, par Beauvarlet (E. B. 5).

Très-belle épreuve avant le changement. Rare.

8 — L'Amour frivole, par Beauvarlet (E. B. 6).

Très-belle épreuve du 1er état, avec le titre, sans aucune autre lettre. Rare.

9 — Annette et Lubin, par N. Ponce (E. B. 9).

Très-belle épreuve, grande marge.

10 — Le Carquois épuisé, par N. de Launay (E. B. 11).

Magnifique épreuve avant la lettre et avant les armes, grande marge. Très-rare à rencontrer en aussi parfaite condition.

10 bis — La même estampe.

Belle épreuve.

11 — Le Catéchisme. — Le Confessionnal. Deux pièces faisant pendants, gravées par P.-E. Moitte (E. B. 12 et 15).

Très-belles épreuves.

12 — Le Chemin de la fortune, par Voyez major (E. B. 14).

Superbe épreuve avant la lettre, grande marge. Rare.

---

(1) Les Gravures françaises du XVIIIe siècle. — Catalogue de l'œuvre de Pierre-Antoine Baudoin, par M. Emmanuel Bocher. Paris, Jouaust et Rapilly, 1875.

BAUDOUIN (D'après PIERRE-ANTOINE)

13 — Le Coucher de la mariée, gravé à l'eau-forte par J.-M. Moreau le jeune et terminé au burin par J.-B. Simonet (E. B. 16).
> Très-belle épreuve, marge.

14 — Le Curieux, par P. Maleuvre (E. B. 17).
> Très-belle épreuve avant le mot *déposé*, au-dessous des mots, *chez l'auteur, rue des Mathurins*. Grande marge.

15 — Le Danger du tête-à-tête, par Simonet (E. B. 18).
> Superbe épreuve, avant toutes lettres et avant l'encadrement ornementé. Toute marge.

16 — L'Enlèvement nocturne, par N. Ponce (E. B. 20).
> Superbe épreuve avant la lettre.

17 — L'Épouse indiscrète, par N. de Launay (E. B. 21).
> Belle épreuve.

18 — Le Fruit de l'amour secret, par Voyez junior (E. B. 23).
> Superbe épreuve avant toutes lettres. Rare.

18 *bis* — La même estampe.
> Belle épreuve.

19 — Le Jardinier galant, par Helman (E. B. 25).
> Très-belle épreuve. Grande marge.

19 *bis* — La même estampe.
> Très-belle épreuve.

20 — *Jusque dans la moindre chose, etc.*, par L.-J. Masquelier (E. B. 27).
> Très-belle épreuve avant la lettre.

21 — *Jusque dans la moindre chose. — Sa taille est ravissante* (E. B. 27-43). Deux pièces gravées par L. Masquelier et Le Beau.
> Belles épreuves.

BAUDOUIN (D'après Pierre-Antoine)

22 — Le Léger vêtement, par Chevillet (E. B. 28).
Très-belle épreuve. Grande marge.

23 — Le Lever, par Massard (E. B. 29).
Superbe épreuve avant la lettre, grande marge. Très-rare à rencontrer en aussi belle condition.

24 — Marchez tout doux, parlez tout bas, par P.-P. Choffard (E. B. 30).
Belle épreuve.

25 — Marton. — Perette (E. B. 31. 36). Deux pièces gravées par N. Ponce et H. Guttenberg.
Belles épreuves.

26 — Le Matin. — Le Soir (E. B. 32. 46). Deux pièces, gravées par de Ghendt.
Superbes épreuves avant toutes lettres et avant les changements. Très-rare à rencontrer en aussi parfaite condition.

27 — Le Matin. — Le Midi. — Le Soir. — La Nuit (E. B. 32. 33. 35 et 46). Suite de quatre pièces, gravées par de Ghendt.
Très-belles épreuves.

28 — Le Modèle honnête, gravé à l'eau-forte par J. Moreau le jeune et terminé au burin par J.-B. Simonet (E. B. 34).
Superbe épreuve avant toutes lettres et de la plus grande fraîcheur. Marge. Rare.

28 bis — La même estampe.
Belle épreuve.

29 — Pérette, par H. Guttenberg (E. B. 36).
Très-belle épreuve, grande marge.

30 — La Rencontre dangereuse, par Le Veau (E. B. 40).
Très-belle épreuve, grande marge.

BAUDOUIN (D'après Pierre-Antoine)

31 — Rose et Colas, par Simonet (E. B. 42).
Très-belle épreuve. Toute marge.

32 — La Sentinelle en défaut, par N. de Launay
(E. B. 44).
Très-belle épreuve.

32 — Les Soins tardifs, par N. de Launay (E. B. 45).
Très-belle épreuve, grande marge.

34 — La Soirée des Thuileries, par Simonet (E. B. 47).
Magnifique épreuve avant toutes lettres et avant l'encadrement.
Très-rare.

34 *bis* — La même estampe.
Belle épreuve.

35 — La Toilette, par N. Ponce (E. B. 48).
Très-belle épreuve avec l'adresse de madame Baudouin.

BÉNARD (D'après)

36 — Repos de chasse, par Moitte.
Belle épreuve.

BERTAUX (Duplessis)

37 — Le Charlatan allemand. — Le Charlatan fran-
çais. Deux pièces faisant pendants, gravées par
Helman.
Belles épreuves, grande marge.

BINET (D'après)

38 — Le Plaisir de la pêche. — La Nourrice élégante.
Deux pièces faisant pendants, gravées par Borgnet
et Dugart.
Très-belles épreuves, marge.

BOILLY (D'après Louis)

39 — Ah! qu'il est sot! — Poussez ferme. Deux pièces faisant pendants, gravées par Petit.
Très-belles épreuves avant la lettre.

40 — Avant la toilette, par Petit.
Très-belle épreuve avant toutes lettres.

41 — Le Bouquet chéri, par A. Chaponnier.
Très-belle épreuve avant la lettre, grande marge.

42 — La Comparaison des petits pieds, par A. Chaponnier.
Très-belle épreuve avant la lettre, grande marge.

43 — Défends-moi. — Leçon d'amour conjugal. Deux pièces faisant pendants, gravées par Petit.
Très-belles épreuves avant toutes lettres.

44 — Honny soit qui mal y pense, par J. Bonnefoy.
Très-belle épreuve avant la lettre.

45 — Marche incroyable, par Bonnefoy.
Très-belle épreuve.

46 — Prélude de Nina, par A. Chaponnier.
Très-belle épreuve, grande marge.

BOREL (D'après)

47 — L'Abandon voluptueux, par Dennel.
Superbe épreuve avant toutes lettres, grande marge.

48 — L'Indiscret, par Dequevauviller.
Très-belle épreuve.

49 — L'Innocence en danger, par Huot.
Très-belle épreuve, grande marge.

BOREL (D'après)

50 — Rendez-vous de chasse de Henri IV, par Guttenberg.
Belle épreuve.

BOUCHER (FRANÇOIS)

51 — La Marchande d'oiseaux.
Belle épreuve.

52 — La Petite reposée.
Belle épreuve.

BOUCHER (D'après FRANÇOIS)

53 — L'Amour désarmé, par E. Fessard.
Très-belle épreuve, avec marge.

54 — L'Amour moissonneur. — L'Amour nageur. — L'Amour oiseleur. — L'Amour vendangeur. Suite de quatre estampes gravées par Aveline, Fessard et Lépicié.
Très-belles épreuves, marge.

55 — L'Amour enchaîné par les Grâces, par Beauvarlet.
Très-belle épreuve, grande marge.

56 — L'Amour porté par les Grâces, par J. Daullé.
Très-belle épreuve.

57 — Les Amusements de la campagne. — La Musique pastorale. Deux pièces gravées par J. Daullé.
Belles épreuves.

58 — L'Attention dangereuse, par Dennel.
Superbe épreuve avant toutes lettres, grande marge.

BOUCHER (D'après François)

59 — La même estampe.
Très-belle épreuve, marge.

60 — L'Amour instruit par Mercure. — Vénus donnant du nectar à l'Amour. Deux pièces gravées par F. Basan.
Belles épreuves, marge.

61 — La Bascule, par Beauvarlet.
Très-belle épreuve, grande marge.

62 — La belle Cuisinière, par P. Aveline.
Très-belle épreuve, grande marge.

63 — La belle Dormeuse, par W. Ryland.
Superbe épreuve avant toutes lettres, marge.

64 — La même estampe.
Belle épreuve, marge.

65 — La belle Villageoise, par Soubeyran.
Très-belle épreuve, marge.

66 — La Bergère prévoyante, par J. Aliamet.
Belle épreuve avant la dédicace.

67 — La Bonne Aventure. — La Fontaine d'amours. Deux pièces gravées par P. Aveline.
Belles épreuves.

68 — La Bouquetière galante, par J.-B. Tilliard.
Très-belle épreuve.

69 — Les Charmes de la vie champêtre, par J. Daullé.
Très-belle épreuve, marge.

70 — La Chasse. — La Pêche. Deux pièces gravées sous la direction de Beauvarlet.
Très-belles épreuves, grande marge.

BOUCHER (D'après François)

71 — La Chasse.
Très-belle épreuve, marge.

72 — Les Confidences pastorales. — La Toilette pastorale. Deux pièces gravées par Cl. Duflos.
Très-belles épreuves, grande marge.

73 — La Coquette, par J. Daullé.
Très-belle épreuve, grande marge.

74 — De trois choses en ferez-vous une? — Elle mord à la grappe. Deux pièces gravées par J. Pasquier.
Très-belles épreuves, grande marge.

75 — Le Déjeuner, par Lépicié.
Superbe épreuve, grande marge.

76 — Le Départ du courrier. — L'Arrivée du courrier. Deux pièces gravées par Beauvarlet.
Superbes épreuves avant toutes lettres, grande marge.

77 — Les mêmes Estampes.
Belles épreuves.

78 — Les deux Confidentes, par J. Ouvrier.
Très-belle épreuve, grande marge.

79 — La Dormeuse, par J.-B. Michel.
Très-belle épreuve.

80 — Les Douceurs de l'été, par Moitte.
Très-belle épreuve, grande marge.

81 — L'École de l'amitié, par Delastre.
Belle épreuve.

82 — Les quatre Éléments, par J. Daullé. Suite de quatre estampes.
Très-belles épreuves, grande marge.

BOUCHER (D'après François)

83 — L'Enfant berger. — L'Enfant bergère. Deux petites pièces; à Paris, chez Daumont.
Belles épreuves.

84 — Le Fleuve Scamandre, par de Larmessin.
Très-belle épreuve, grande marge.

85 — Frontispice in-fol. pour un livre sur l'architec-
ture, gravé par Choffard, 1766.
Très-belle épreuve avant la lettre.

86 — Le Goûter de l'automne, par H. Gaillard.
Belle épreuve.

87 — Les Grâces au bain, par W. Ryland.
Très-belle épreuve, grande marge.

88 — La jeune Bergère, par Voyez.
Belle épreuve.

89 — Jupiter et Calisto, par R. Gaillard.
Très-belle épreuve avant toutes lettres.

90 — Madame Favart dans le rôle de Ninette à la cour,
par Le Bas. Petite pièce.
Très-belle épreuve avant la lettre.

91 — Mademoiselle de... en habit d'été, par J.-B. Michel.
Belle épreuve.

92 — Le Magnifique, par de Larmessin.
Très-belle épreuve, grande marge.

93 — La Marchande d'œufs. — La Marchande d'oiseaux. — La Souffleuse de savon. — La Vendan-
geuse. Suite de quatre pièces gravées par J. Daullé.
Très-belles épreuves, marge.

BOUCHER (D'après Francois)

94 — La Marchande d'œufs. — La Marchande d'oiseaux. — La Souffleuse de savon. Trois pièces.
Belles épreuves.

95 — La Muse Clio. — La Muse Érato. Deux pièces
gravées par J. Daullé.
Très-belles épreuves.

96 — La Musique. — Le Trébuchet. Deux pièces gravées par P. Aveline.
Très-belles épreuves.

97 — La Naissance de Vénus. — La Toilette de Vénus.
Deux pièces gravées par Cl. Duflos.
Très-belles épreuves.

98 — Les Nymphes au bain, par J. Ouvrier.
Très-belle épreuve, marge.

99 — L'Oiseau privé, par F. Flipart.
Très-belle épreuve, grande marge.

100 — Pan et Syrinx, par P. Martenasie.
Très-belle épreuve, marge.

101 — Le Pasteur complaisant. par A. Laurent
Très-belle épreuve, grande marge.

102 — Pensent-ils au Raisin? par Le Bas.
Très-belle épreuve.

103 — Pensent-ils à ce mouton? par Mme Jourdan.
Superbe épreuve avant la lettre, grande marge.

104 — Le petit Souffleur de bouteilles de savon, par
J. Daullé.
Très-belle épreuve, grande marge.

BOUCHER (D'après François)

105 — La Poésie épique. — La Poésie lyrique. — La Poésie pastorale. — La Poésie satyrique. Suite de quatre pièces gravées par Cl. Duflos.
Très-belles épreuves.

106 — La Rêveuse, gravée sous la direction de Beauvarlet.
Très-belle épreuve, grande marge.

107 — Les Liaisons, par Cl. Duflos. Suite de quatre pièces.
Belles épreuves, marge.

108 — Le Printemps. — L'Automne. — L'Hiver. Trois pièces dédiées à Mme de Pompadour, gravées par J. Daullé
Très-belles épreuves, grande marge.

109 — Les Serments du berger. par L. Lempereur.
Superbe épreuve avant toutes lettres.

110 — Silvie fuit le loup qu'elle a blessé, par L. Lempereur.
Belle épreuve.

111 — Sylvie délivrée par Aminte, par L. Gaillard.
Très-belle épreuve.

112 — Le Trait dangereux, par Poletnich.
Superbe épreuve, marge.

113 — Vénus endormie.
Très-belle épreuve, avec l'adresse de Drouais, marge.

114 — La même estampe.
Belle épreuve, avec l'adresse de Basan, marge.

115 — Vénus et l'Amour, par J. Daullé.
Très-belle épreuve.

BOUCHER (D'après François)

116 — Vénus entrant au bain. — Vénus sortant du bain. Deux pièces gravées par Michel.
Très-belles épreuves, grande marge.

117 — La Voluptueuse, par Poletnich.
Très-belle épreuve.

118 — La petite Maîtresse d'école. — Le petit Ménage. L'Agréable solitude. Trois pièces gravées par Defehrt et Le Bas.
Belles épreuves, grande marge.

119 — Départ de Jacob. — La Vie champêtre, par E. Lépicié. Deux pièces.
Très-belles épreuves, marge.

120 — La Bergère laborieuse. — La bonne Mère. — Le Château de cartes. — La Cremière. — L'École domestique. — La Quêteuse de grand chemin.. Suite de six estampes gravées par J. M. Liotard et Ingrant.
Très-belles épreuves. grande marge.

121 — Les différents Génies de la sculpture. — La Balançoire. — Les Pescheurs. — Pastorales. — Les Amours faucheurs. — L'Amour nageur. Sept pièces.

122 — Premier, deuxième et troisième livres de Sujets et Pastorales. Suite de dix-huit estampes gravées par Huquier.
Très-belles épreuves, marge.

123 — Le Prix de l'Amour. A Paris, chez Bazan.
Petite vignette in-8.

BOUCHER (D'après François)

124 — Le Pêcheur. — Le Pont rustique. Deux pièces
gravées par Chedel.
Très-belles épreuves avant toutes lettres.

125 — Les mêmes estampes.
Très-belles épreuves, grande marge.

126 — Première et seconde vues des environs de Beau-
vais. Deux pièces gravées par Le Bas.
Belles épreuves, grande marge.

127 — Le Devot Ermite. — Le Colombier. — Le Pêcheur. Trois pièces gravées par Chedel.
Très-belles épreuves.

128 — Vues d'après nature : n°s 1, 1 *bis* et 2. Trois
pièces. A Paris, F. Basan *exc.*
Très-belles épreuves, marge.

129 — Vue du Pont des Lavandières. — Vue d'une
Tour, près de Blois. — Le Berger napolitain. —
Moulin près de Chatou. — La Ferme. Cinq pièces
gravées par Chedel et Daullé.
Très-belles épreuves, marge.

CARESME (D'après Ph.)

130 — Le Satyre impatient, par Anselin.
Très-belle épreuve, grande marge.

CHALLE (D'après M.-A.)

131 — L'Adroite confidente, par Vionnet.
Très-belle épreuve, grande marge.

132 — Les Appas multipliés, par Dennel.
Très-belle épreuve avant toutes lettres.

CHALLE (D'après (M.-A)

133 — Le Bât, par Lindor de Toulousé.
Belle épreuve.

134 — Finissez ! par Marchand.
Très-belle épreuve avant la lettre. Marge.

135 — Le Modèle disposé, par Chaponnier.
Très-belle épreuve avant la lettre.

136 — Le Panier renversé, par E. Buisson.
Superbe épreuve avant toutes lettres. Marge.

137 — La Ruelle, par Malapeau.
Belle épreuve.

138 — La Saison des amours, par Le Grand.
Très-belle épreuve avant toutes lettres.

139 — Le Souvenir agréable, par Vidal.
Très-belle épreuve, grande marge.

140 — *The officious waiting Woman,* par Chaponnier.
Très-belle épreuve avant la lettre.

141 — La Mort de Didon, par J.-B. Michel.
Belle épreuve, grande marge.

CHARDIN (D'après JEAN-BAPTISTE-SIMÉON)

142 — Les Amusements de la vie privée, par L. Surugue (E. B. 1) (1).
Superbe épreuve, grande marge.

143 — L'Antiquaire. — Le Peintre, par L. Surugue (E. B. 2 et 42).
Très-belles épreuves, avec marge.

144 — Le Bénédicité, par Renée Lépicié (E. B. 5).
Belle épreuve.

---

(1) Les Gravures françaises du XVIIIᵉ siècle. — Catalogue de l'œuvre de Chardin, par M. Emmanuel Bocher. Paris, Jouaust et Rapilly, 1876.

CHARDIN (D'après JEAN-BAPTISTE-SIMÉON)

145 — La Blanchisseuse. — La Fontaine (E. B. 6 et 21).
Deux pièces par C.-N. Cochin.
Très-belles épreuves.

146 — La Bonne éducation, par Le Bas (E. B. 7).
Belle épreuve.

147 — Dame cachetant une lettre, par F. Fessard
(E. B., 12).
Très-belle épreuve. Rare.

148 — Dame prenant son thé, par Fillœul (E. B. 13).
Très-belle épreuve.

149 — Le Dessinateur, par J. Flipart (E. B. 14).
Superbe épreuve, marge.

150 — L'Écureuse. — Le Garçon cabaretier (E. B. 16
et 22). Deux pièces par C.-N. Cochin.
Belles épreuves.

151 — Étude du dessin, par Le Bas (E. B. 18).
Très-belle épreuve, marge.

152 — Le Château de cartes (E. B. 20 B.).
Très-belle épreuve, grande marge.

153 — La Gouvernante, par Lépicié (E. B. 24).
Très-belle épreuve.

154 — L'Instant de la méditation, par L. Surugue
(E. B. 26).
Très-belle épreuve.

155 — Le Jeu de l'oye, par L. Surugue (E. B. 27).
Très-belle épreuve.

156 — Jeune Fille à la raquette, par Lépicié (E. B. 29).
Très-belle épreuve.

CHARDIN (D'après Jean-Baptiste-Siméon)

157 — La Maîtresse d'école, par Lépicié (E. B. 34).
Belle épreuve.

158 — La Mère laborieuse, par Lépicié (E. B. 35).
Très-belle épreuve du 1er état, avant la retouche.

159 — Le Négligé ou la Toilette du matin, par Le Bas (E. B. 38).
Très-belle épreuve.

160 — L'Économe, par Le Bas (E. B. 39).
Très-belle épreuve.

161 — L'Ouvrière en tapisserie, par J. Flipart (E. B 40).
Très-belle épreuve.

162 — La même estampe.
Belle épreuve, marge.

163 — La Pourvoyeuse, par Lépicié (E. B. 45.)
Belle épreuve.

164 — La Râtisseuse, par Lépicié (E. B. 46).
Très-belle épreuve.

165 — La Serinette, par E. Cars (E. B. 47).
Très-belle épreuve.

166 — Le Toton, par Lépicié (E. B. 50).
Très-belle épreuve.

167 — Les Tours de cartes, par L. Surugue (E. B. 51).
Très-belle épreuve.

COCHIN (D'après Ch.-N.)

168 — Concours pour le prix de l'étude des têtes et de l'expression, par J. J. Flipart.
Belle épreuve.

COCHIN (D'après CH.-N.)

169 — Louis XVI et Marie-Antoinette entourés de
figures allégoriques, par de Longueil. Deux médaillons ovales avec cadres ornementés.
Très-belles épreuves.

COURTIN (D'après)

170 — L'Amour médecin, par C. Mathey.
Très-belle épreuve.

COYPEL (D'après N.-N.)

171 — L'Alliance de Bacchus et de Vénus, par Le
Bas.
Très-belle épreuve, grande marge.

COYPEL (D'après CHARLES)

172 — L'Amour enseignant l'art d'aimer, par Lépicié.
Très-belle épreuve, marge.

172 bis. — La même estampe.
Belle épreuve.

173 — Jeux d'Enfants, par Lépicié.
Très-belle épreuve, marge.

174 — Jeune Femme regardant le portrait de son amant,
par P. L. Surugue.
Très-belle épreuve.

175 — Le Négligé galant, par M. S. Carmona.
Belle épreuve.

DESRAIS (D'après)

176 — La Colonnade. — Les Trente-deux Filles dans l'allée des Soupirs. Deux pièces.
Belles épreuves.

177 — Les trente-deux Filles dans l'allée des Soupirs.
Très-belle épreuve.

178 — La Jardinière. — La Marchande de fleurs. Deux petites pièces ovales imprimées sur la même feuille.
Belles épreuves.

179 — Jeune Femme et son amant. Pièce gravée au trait.

DE TROY (D'après François)

180 — L'Amant sans gêne, par C.-N. Cochin.
Superbe épreuve, grande marge.

181 — Le Jeu de pied de bœuf, par C.-N. Cochin.
Très-belle épreuve, marge.

182 — Jeune Femme lisant, par J. Chereau.
Très-belle épreuve, grande marge.

183 — Jeune Femme prenant une tasse de thé, par J. Chereau.
Très-belle épreuve, grande marge.

184 — Toilette pour le bal. — Retour du bal. Deux pièces faisant pendant gravées par J. Beauvarlet.
Très-belles épreuves, marge.

DIACRE (A Paris, chez), 1727

185 — Compositions pour dessus de tabatières. Six petites pièces.
Très-belles épreuves, marge.

DUMÉNIL (D'après P.-L.)

186 — Le Chantre à table, par N. Dupuis.
Belle épreuve.

187 — La Cuisinière. — Le Garçon cabaretier. Deux pièces gravées par Cl. Duflos.
Belles épreuves.

188 — La Dame de charité. — Le Prêtre du caté-chisme. Deux pièces gravées par E.-C. Tournay.
Belles épreuves.

DROUAIS (D'après F.-H.)

189 — Le Comte d'Artois enfant et Madame sur une chèvre, par Beauvarlet.
Très-belle épreuve.

190 — Les Enfants de M. de Béthune, par Beauvarlet.
Très-belle épreuve.

191 — Les Enfants du roi de Sardaigne, par C. Melini.
Très-belle épreuve, marge.

EISEN (D'après CHARLES)

192 — L'Accord de mariage, par R. Gaillard.
Superbe épreuve, toute marge.

193 — Les Amusements champêtres. — Le Bal cham-pêtre. — Les Plaisirs champêtres. — Le Concert champêtre. — Suite de quatre pièces gravées par de Longueil.
Magnifiques épreuves avant toutes lettres, toute marge. Très-rare à rencontrer en aussi belle condition.

194 — Le Bouquet, par R. Gaillard.
Superbe épreuve, grande marge.

EISEN (D'après Charles)

195 — Le Cas de conscience, par Tardieu.
Très-belle épreuve.

196 — Le Concert champêtre, par de Longueil.
Très-belle épreuve, grande marge.

197 — Concert méchanique inventé par R. Richard par de Longueil.
Très-belle épreuve, grande marge.

198 — Les Désirs satisfaits, par Patas.
Belle épreuve, marge.

199 — La Gageure des trois commères, par Tardieu.
Très-belle épreuve, marge.

200 — Le Gascon, par Tardieu.
Très-belle épreuve.

201 — La jolie Fermière. — La belle Nourrice. Deux pièces gravées par de Longueil.
Magnifiques épreuves avant toutes lettres, à toute marge. Très-rares.

202 — Le Jour. — La Nuit. Deux pièces gravées par Patas.
Très-belles épreuves avec l'adresse de Crépy.

203 — Les quatre Heures du jour. Suite de quatre estampes gravées par de Longueil.
Très-belles épreuves, toute marge.

204 — Les quatre Saisons. Suite de quatre pièces gravées par de Longueil.
Magnifiques épreuves avant toutes lettres, toute marge. Très-rares à rencontrer en aussi parfaite condition

205 — Les mêmes estampes.
Très-belles épreuves avec la lettre.

EISEN (D'après Charles)

206 — Le Midi. — L'Après-Midi. — Le Soir. Trois pièces
gravées par de Longueil.
Très-belles épreuves, grande marge.

207 — La Vertu sous la garde de la Fidélité, par P.-A.
Lebeau.
Très-belle épreuve, marge.

208 — La même Estampe.
Belle épreuve.

209 — La Vieille de bonne humeur, par C. Chevillet.
Belle épreuve, grande marge.

210 — Vignettes pour différentes suites. Cinq pièces gravées par de Longueil, Le Mire, etc.
Très-belles épreuves, toute marge.

EISEN (D'après François)

211 — La Folie du siècle. Deux pièces gravées par A.
Martinet, femme Dupuis.
Très-belles épreuves.

212 — La jolie Charlatane. — Le beau Commissaire.
Deux pièces gravées par L. Halbou.
Très-belles épreuves.

213 — La Marchande de plaisirs. — La Marchande de
chansons. Deux pièces gravées par P.-L. Cor.
Très-belles épreuves, marge.

214 — L'Optique , par B.-L. Henriquez.
Très-belle épreuve.

FORTIER (Aqua-fort)

215 — Promenade dans la galerie du Palais-Royal ; dans le fond à droite on aperçoit le n° 113. Petite pièce.
Belle épreuve. Rare.

FRAGONARD (H.)

216 — L'Armoire. Pièce capitale du maître.
Belle épreuve.

FRAGONARD (D'après HONORÉ)

217 — Les Baignets, par de Launay.
Belle épreuve, grande marge.

218 — Le Baiser à la dérobée, par Regnault.
Très-belle épreuve avant la lettre, grande marge.

219 — La Bascule. — Le Colin-Maillard. Deux pièces faisant pendants, gravées par Beauvarlet.
Belles épreuves.

220 — La Bonne Mère, par de Launay,
Très-belle épreuve.

221 — La Cachette découverte, par de Launay.
Très-belle épreuve, marge.

222 — La Chemise enlevée, par Guersant.
Très-belle épreuve, marge.

223 — Le Chiffre d'amour, par de Launay.
Très-belle épreuve.

224 — Le Colin-Maillard, par Beauvarlet.
Superbe épreuve avant toutes lettres, grande marge.

FRAGONARD (D'après Honoré)

38 —   225 — Le Contrat. — Le Verrou. Deux pièces faisant pendants, gravées par Blot
Très-belles épreuves.

60   226 — La Coquette fixée, par de Launay.
Très-belle épreuve, grande marge.

80   +227 — La même pièce.
Épreuve teintée de bistre, grande marge.

305   † 228 — La Déclaration. — Le Serment. Deux pièces faisant pendants, gravées par Bervick.
Superbes épreuves avant la lettre. Très-rares.

60 —   229 — Les deux Baisers. Deux pièces faisant pendant, gravées par Marchand.
Très-belles épreuves, grande marge.

23 —   230 — Dites-donc, s'il vous plaît? par de Launay.
Très-belle épreuve, marge.

11 —   231 — La même estampe.
Belle épreuve.

50 —   + 232 — L'Éducation fait tout, par de Launay.
Très-belle épreuve, grande marge.

60 —   233 — La Famille du fermier, par Romanet.
Très-belle épreuve avant la lettre.

110 —   234 — La Fontaine d'amour. — Le Songe d'amour. Deux pièces par N. Regnault.
Belles épreuves.

180 —   235 — La Fontaine d'amour, par N.-F. Regnault.
Très-belle épreuve, grande marge.

165   236 — Les Hasards heureux de l'escarpolette, par de Launay.
Très-belle épreuve de la planche carrée.

FRAGONARD (D'après Honoré)

237. — L'Inspiration favorable, par Halbou.
Très-belle épreuve, grande marge.

238 — Ma Chemise brûle, par Legrand.
Très-belle épreuve, marge.

239 — L'Oracle des amants.
Très-belle épreuve, avant la dédicace.

240 — Les Pétards. — Les Jets d'eau. Deux pièces faisant pendants.
Très-belles épreuves du premier état avant les draperies et avant les vers sur la console, grande marge. Rare en cet état.

241 — Le petit Prédicateur, par de Launay.
Superbe épreuve, grande marge.

242 — La même estampe.
Belle épreuve.

243 — Le Pot au lait. — Le Verre d'eau. Deux pièces faisant pendants.
Très-belles épreuves.

244 — Le Serment d'amour, par de Launay.
Très-belle épreuve.

245 — Le Verrou, par Blot.
Belle épreuve.

246 — Estampes pour l'illustration des Contes de La Fontaine. Suite de vingt-trois pièces.
Très-belles épreuves. Quinze sont avant les noms des artistes et la pagination.

247 — Deux petites Pièces ovales, gravées d'après l'antique.

FRAINE (D'après J. de)

248 — L'Acte d'humanité, par de Launay.
Très-belle épreuve, grande marge.

FREUDEBERG (S.)

249 — La Toilette.
Dessiné et gravé à l'eau-forte par le maître. Charmante petite
pièce, très-belle épreuve avec grande marge.

FREUDEBERG (D'après S.)

250 — Le Bain, par Romanet.
Très-belle épreuve avant le numéro.

251 — Le Boudoir, par Maleuvre.
Belle épreuve avant le numéro.

252 — Les Confidences, par Lingée.
Superbe épreuve avant le numéro, grande marge.

253 — Le Coucher, par Duclos et Bosse.
Superbe épreuve avant le numéro, grande marge.

254 — L'Événement au bal, par Duclos et Ingouf.
Superbe épreuve avant le numéro.

255 — Le Lever, par Romanet.
Belle épreuve avant le numéro.

256 — La Promenade du matin, par Lingée.
Superbe épreuve avant le numéro, grande marge

257 — La Promenade du soir, par Ingouf.
Belle épreuve avec le numéro, grande marge.

258 — L'Occupation, par Lingée.
Superbe épreuve avant le numéro, petite marge.

FREUDEBERG (D'après S.)

259 — La même pièce.
Très-belle épreuve avant le numéro.

260 — La Soirée d'hiver, par Ingouf.
Superbe épreuve avant le numéro, grande marge.

261 — La Toilette, par Voyez l'aîné.
Superbe épreuve avant le numéro, grande marge.

262 — La visite inattendue, par Voyez.
Très-belle épreuve avant le numéro, grande marge.

263 — Le même Pièce.
Épreuve avec le numéro.

264 — La Complaisance maternelle, par de Launay.
Belle épreuve.

265 — Le petit Jour, par de Launay.
Très-belle épreuve, grande marge.

266 — Lison dormait, par Trière.
Très-belle épreuve, grande marge.

267 — La Félicité villageoise, par Delignon. — La Gaieté conjugale, par Delaunay. Deux pièces faisant pendants.
Très-belles épreuves, grande marge.

268 — Le Soldat en semestre et pendant. Deux pièces gravées par Ingouf.
Superbes épreuves avant la lettre.

269 — L'Heureuse Union, par Bosse.
Très-belle épreuve tirée avant que la planche ait été réduite.

GARBIZZA (D'après)

270 — Vue de la Galerie du Palais-Royal, par Coqueret.
Belle épreuve, marge.

3

GILLOT (C.)

271 — La Naissance. — L'Éducation. — Le Mariage. — Les Obsèques. Suite de quatre pièces.
Très-belles épreuves.

271 *bis* — La même suite.
Belles épreuves.

272 — La Passion des richesses. — La Passion de l'amour. — La Passion de la guerre. — La Passion du jeu. Suite de quatre pièces.
Belles épreuves.

273 — Scène de Sabbat. — Fête du dieu Pan. Deux pièces.

274 — Scènes de sabbat. Deux pièces.
Très-belles épreuves.

GRAVELOT (H.)

275 — Le Concert. *(gravé par Schon)*
Très-belle épreuve avant toutes lettres.

GREUZE (D'après Jean-Baptiste)

276 — Annette, par Binet.
Très-belle épreuve.

277 — La bonne Mère. — L'Enfant gâté, par Maleuvre. Deux pièces.
Très-belles épreuves avant la lettre, marge.

278 — Les mêmes estampes.
Très-belles épreuves avant la lettre.

279 — La Cruche cassée, par Massard.
Magnifique épreuve avant la lettre; elle porte au verso les signatures de Greuze et de Massard. Grande marge. Très-rare en aussi parfait état.

GREUZE (D'après Jean-Baptiste)

280 — Le Donneur de sérénade. — La Paresseuse, par Moitte. Deux pièces. M. *f et.*
Superbes épreuves avant la lettre, grande marge.

281 — L'Écureuse, par Beauvarlet.
Très-belle épreuve, grande marge.

282 — L'Éducation du jeune Savoyard, par J. Aliamet.
Très-belle épreuve, marge.

283 — L'Enfant au chien, par Schultze.
Très-belle épreuve, marge.

284 — Les Enfants surpris par Elluin.
Belle épreuve.

285 — Les Fermiers brûlés, par A. de Lalive.
Très-belle épreuve.

286 — La Fille confuse, par Ingouf.
Très-belle épreuve, marge.

287 — La Fille grondée, par Letellier.
Très-belle épreuve, marge.

288 — La Grand'Maman, par Binet.
Très-belle épreuve, marge.

289 — Invocation à l'Amour, par Macret.
Superbe épreuve avant la lettre et les armes.

290 — La jeune Femme aux fleurs, par A. de Saint-Aubin.
Belle épreuve.

291 — Jeune Fille à la rose, par Ingouf.
Belle épreuve.

GREUZE (D'après JEAN-BAPTISTE)

292 — Jeune Fille pleurant son oiseau mort, par J.-J. Flipart.
Superbe épreuve, grande marge.

293 — La Laitière, par Levasseur.
Superbe épreuve avant la dédicace, avec marge, très-rare en cet état.

294 — La Lecture de la Bible, par Martenasie.
Belle épreuve.

295 — La Maman, par Beauvarlet.
Très-belle épreuve.

296 — La Marchande de harengs, par Mme Beauvarlet. Deux pièces.
Belles épreuves.

297 — La Marchande de marrons, par Beauvarlet.
Très-belle épreuve, marge.

298 — La Marchande de pommes cuites, par Beauvarlet.
Très-belle épreuve, marge.

299 — Le Ménage ambulant, par Binet.
Très-belle épreuve.

300 — La Mère en courroux. — Le Repentir, par Moitté. Deux pièces.
Très-belles épreuves, marge.

301 — La Philosophie endormie. Portrait de Mme Greuze? gravé à l'eau-forte par Fragonard et terminé au burin par Aliamet.
Superbe épreuve, marge.

302 — La Pelotonneuse, par J.-J. Flipart.
Belle épreuve.

GREUZE (D'après Jean-Baptiste)

303 — La petite Fille au chien, par Porporati.
Très-belle épreuve, avec l'adresse de la rue Thibautodé.

304 — La petite Mère. — La jeune Nourrice, par Moitte.
Deux pièces.
Très-belles épreuves.

305 — La petite Sœur. —Le petit Frère, par Hauer. Deux
pièces.
Très-belles épreuves.

306 — La Privation sensible, par Simonet.
Très-belle épreuve avant la dédicace, grande marge.

307 — Les petits Savoyards, par Moitte. Trois pièces.
Très-belles épreuves.

308 — Les premières Leçons de l'Amour, par Voyez.
Très-belle épreuve avant toutes lettres, marge.

309 — Le Ramoneur, par Voyez.
Belle épreuve.

310 — La Savonneuse, par Danzel.
Très-belle épreuve.

311 — La Servante congédiée, par Mme Beauvarlet.
Très-belle épreuve, marge.

312 — La Servante congédiée, par Voyez.
Belle épreuve.

313 — Les Sevreuses, par Tilliard.
Belle épreuve.

314 — Les Soins maternels, par Beauvarlet.
Belle épreuve.

315 — Le Tendre désir, par C...
Très-belle épreuve.

GREUZE (D'après Jean-Baptiste)

316 — La Tricoteuse endormie, par Claude Donat Jardinier.

Superbe épreuve avant la lettre.

317 — La même Estampe.

Très-belle épreuve, grande marge.

318 — La Vertu chancelante, par Massard.

Très-belle épreuve, avec l'adresse rue Thibautodé.

319 — L'Accordée de village, par J. Flipart.

Très-belle épreuve, avec les signatures de Greuze et de Flipart au verso.

320 — La Dame bienfaisante, par Massard.

Très-belle épreuve avant toutes lettres; seulement les armes et les noms d'auteurs tracés à la pointe. Elle est signée au verso Greuze et Massard.

321 — Le Gâteau des rois, par Flipart.

Très-belle épreuve avant toutes lettres.

322 — La Femme colère, par R. Gaillard.

Très-belle épreuve avant toutes lettres; les noms des artistes tracés à la pointe.

323 — Le Fils puni, par R. Gaillard.

Très-belle épreuve avant toutes lettres; les noms des artistes tracés à la pointe.

324 — La Malédiction paternelle, par R. Gaillard.

Très-belle épreuve avant toutes lettres et avec les signatures de Greuze et de Gaillard au verso.

325 — La Veuve et son curé, par Levasseur.

Très-belle épreuve avant la lettre.

326 — Têtes de différents caractères, gravées par Ingouf.

Belle épreuve.

GRUND (D'après N.)

327 — *Die beschæfftigte Hausfrau.* — *Der Friseund.* Deux
pièces faisant pendants.
Belles épreuves.

HEILLMAN (D'après)

328 — Le bon Exemple. — Mademoiselle sa sœur. Deux
pièces faisant pendants, gravées par Chevillet.
Très-belles épreuves, grande marge.

329 — Le bon Exemple.
Très-belle épreuve.

HILAIR (D'après J.-B.)

330 — L'Esclave heureux, par J. Mathieu.
Très-belle épreuve avant toutes lettres et avant le changement.
Petite marge.

HUET (D'après J.-B.)

331 — Ce qui est bon à prendre est bon à garder, par
Chaponnier.
Très-belle épreuve avant la lettre, grande marge.

331 *bis* — Le Chat d'angora et sa famille. — Le Chien
bichon et sa famille. Deux pièces gravées par
Schmitz.
Belles épreuves.

HUET et LE SUEUR

332 — Vénus et l'Amour. — Érigone. Deux charmantes
petites pièces en ovale faisant pendants, gravées par
Voysard et Guttenberg.
Superbes épreuves avant la lettre.

INCROYABLES (Pièces sur les)

333 — Ah! beaucoup vous critiquent, mais peu vous imitent! d'après Bosio, par Marchant.
Belle épreuve.

334 — Ah! quelle antiquité!!!... Oh! quelle folie que la nouveauté!... par Chataignier.
Très-belle épreuve, grande marge.

335 — Ah! qu'il est donc drôle! Aih! dis donc, ma lorgnette te fait peur, par un Anonyme.
Très-belle épreuve, grande marge.

336 — Aristide et Brisescellé revenant de travailler la marchandise.
Très-belle épreuve, grande marge.

337 — Bœuf à la mode, d'après Lançon, par Leclerc.
Belle épreuve.

338 — Le Contraste, d'après Leclerc, par Auvray.
Très-belle épreuve, grande marge.

339 — Les Croyables actifs du Palais ci-devant Royal.
Très-belle épreuve, grande marge.

340 — Les Croyables au Pérou, par Tresca.
Belle épreuve.

341 — Les Croyables au tripot.
Très-belle épreuve, grande marge.

342 — La Danse des Croyables du temps passé.
Très-belle épreuve, grande marge.

343 — Dessins pour éventails, d'après C. Vernet. Trois pièces anonymes.
Très-belles épreuves, fort rares.

INCROYABLES (Pièces sur les)

344 — Les Ennuyés chez eux (Café Procope), d'après C. Vernet.
Très-belle épreuve avant toutes lettres, grande marge.

345 — La Folie du jour, par Tresca.
Belle épreuve.

346 — Hélas! de vous à moi telle est la différence!!! C'est incroyable! par Rentier.
Très-Belle épreuve, grande marge.

347 — Les Incroyables, d'après C. Vernet, par Darcis.
Belle épreuve.

348 — Les Marionnettes, par Guyard.
Très-belle épreuve, grande marge.

349 — Les Merveilleuses, d'après C. Vernet, par Darcis.
Très-belle épreuve, grande marge.

350 — Monsieur le baron et madame la baronne de Sottenville choqués de la mise ridicule des citoyens incroyables et des citoyennes pas possible, d'après D. W.
Belle épreuve.

351 — L'Observatoire au boulevart de Coblentz, d'après Leclerc, par Auvray.
Très-belle épreuve, grande marge.

352 — Oh! c'est bien ça! d'après C. Vernet, par Levachez.
Très-belle épreuve.

353 — Pauvre rentier ruiné... Merlan à frire, à frire! par Julien.
Belle épreuve,

INCROYABLES (Pièces sur les)

354 — Les Payables, par Darcis.
Très-belle épreuve, grande marge.

355 — La Pièce curieuse, d'après Boilly, par Darcis.
Très-belle épreuve, grande marge.

356 — La Pièce curieuse, d'après Boilly, par Darcis.
Belle épreuve.

357 — Point de convention, par Tresca.
Belle épreuve.

358 — Première Réquisition des deux genres; à Paris, chez Huet fils.
Très-belle épreuve, grande marge.

359 — La Rencontre des Incroyables, d'après Bunbiry, par Ruotte.
Très-belle épreuve, grande marge.

360 — La Rencontre des Merveilleuses, par Lefèvre.
Très-belle épreuve, grande marge.

361 — Le Retour incroyable.
Très-belle épreuve, grande marge.

362 — Le Riche du jour ou le Prêteur sur gages, par Julien
Très-belle épreuve, grande marge.

363 — La Science du jour. — Mlle Manon et le Perruquier.
Très-belle épreuve, grande marge.

364 — Le Trente-un, ou la Maison du prêt sur nantissement, d'après Guerain, par L. Darcis.
Très-belle épreuve.

JEAURAT (D'après E.)

365 — L'Accouchée. — La Relevée. Deux pièces gravées
par Lépicié.
Belles épreuves.

366 — L'Accouchée, par Lépicié.
Superbe épreuve, grande marge.

367 — L'Amour petit-maître. — L'Amour coquet. Deux
pièces gravées par Jeaurat.
Très-belles épreuves.

368 — L'Amour du vin, par L. Surugue.
Très-belle épreuve avant toutes lettres.

369 — La Coeffeuse, par Sornique.
Très-belle épreuve, marge.

370 — La Couturière, par Baléchou.
Très-belle épreuve, grande marge.

371 — La même estampe.
Belle épreuve.

372 — L'Éplucheuse de salade, par Beauvarlet.
Très-belle épreuve, marge.

373 — L'Exemple des mères, par Lucas.
Très-belle épreuve. Cette estampe, dont la planche existe encore,
est une des plus rares à rencontrer en ancienne épreuve.

374 — Déménagement d'un peintre. — Enlèvement de
police. Deux pièces par Cl. Duflos.
Belles épreuves.

375 — Le Joli dormir, par E. C. Tournay, femme
Tardieu.
Superbe épreuve, grande marge.

JEAURAT (D'après E.)

376 — Le Goûter, par J. Balechou.
Très-belle épreuve, toute marge.

377 — La même estampe.
Belle épreuve.

378 — Le Mari jaloux. — La Servante congédiée. Deux
pièces par Baléchou.
Très-belles épreuves.

✗ 379 — La Place Maubert. — La Place des Halles. Deux
pièces gravées par Aliamet.
Très-belles épreuves.

LA GRENÉE (D'après L.)

380 — L'Éducation de l'Amour; trois différentes compositions. — Punition de l'Amour. Quatre pièces gravées par J. Bouilliard.
Belles épreuves.

LANCRET (D'après Nicolas)

381 — Les Amusements de la campagne, par Joullain.
Très-belle épreuve.

382 — Le Concert pastoral, par Joullain.
Très-belle épreuve, marge.

383 — La Récréation champêtre, par Joullain.
Très-belle épreuve, toute marge.

384 — L'Amusement du Petit-Maître, par de F...
Très-belle épreuve, grande marge.

385 — La belle Complaisante, par de F...
Très-belle épreuve, grande marge.

LANCRET (D'après Nicolas)

385 *bis* — La même estampe.
Belle épreuve.

386 — La belle Grecque. — Le Turc amoureux. Deux pièces gravées par G.-F. Schmidt.
Très-belles épreuves.

387 — Le Théâtre italien, par G.-F. Schmidt.
Très-belle épreuve.

388 — Le Berger indécis, par J. Tardieu.
Très-belle épreuve.

389 — Les Charmes de la conversation, par Petit.
Belle épreuve, toute marge.

390 — La Conversation galante, par J. Ph. Le Bas.

391 — La Coquette de village, par de Larmessin.
Très-belle épreuve, marge.

392 — Frontispice pour le troisième livre de pièces de clavecin, par H. Thomassin.
Belle épreuve.

393 — Le Jeu de pied-de-bœuf. — Les Amours du bocage. Deux pièces, par de Larmessin.
Belles épreuves. Manquent de conservation.

394 — Le Jeu des quatre coins. — Le Jeu de cache-cache mitoulas. Deux pièces faisant pendants, gravées par de Larmessin.
Très-belles épreuves.

395 — Les mêmes estampes.
Belles épreuves.

396 — La Joie du théâtre, par Crépy fils.
Très-belle épreuve, marge.

LANCRET (D'après Nicolas)

397 — Le Maître galant, par J.-P. Le Bas.
Très-belle épreuve, marge.

398 — Le Moulin de Quinquengrogne, par E. Cousinet.
Belle épreuve. Manque de conservation.

399 — La Musique champêtre, par S. Fessard.
Très-belle épreuve, toute marge.

400 — L'Occasion fortunée, par G. Scotin.
Très-belle épreuve, grande marge.

401 — La même estampe.
Belle épreuve.

402 — *Par une tendre chansonnette. — Dans cette aimable
solitude* ; la planche coupée au-dessus des vers. Deux
pièces gravées, par C.-N. Cochin.
Très-belles épreuves, marge.

403 — *Quand vous voulez toucher quelque cœur amoureux, etc. — Près de vous, belle Iris, etc.— Lise s'en va
changer d'humeur et de visage, etc.— Quoi! n'avoir pour
vous trois qu'une seule bouteille!* etc. Suite de quatre
pièces gravées par M. Horthemels.
Très-belles épreuves, avec une petite marge. Rares.

404 — *Trop indolent Tircis, laisse la symphonie, etc.*, par
S. Sylvestre.
Très-belle épreuve, grande marge.

405 — *Que le cœur d'un amant est sujet à changer!* etc., par
S. Sylvestre.
Très-belle épreuve.

406 — *D'un baiser que Tircis caché dans ces beaux lieux,
etc.*, par S. Sylvestre.
Très-belle épreuve.

LANCRET (D'après Nicolas)

407 — D'un baiser que Tirsis. — Que le cœur d'un amant est sujet à changer! — Veux-tu d'une inhumaine, etc. Trois pièces gravées par S. Sylvestre.

408 — Les deux Amis, par de Larmessin.
Très-belle épreuve, grande marge.

409 — Le Faucon, par de Larmessin.
Belle épreuve.

410 — Le Gascon puni, par de Larmessin.
Belle épreuve. Manque de conservation.

411 — A Femme avare, galant escroc, par de Larmessin.
Très-belle épreuve, marge.

412 — Nicaise, par de Larmessin.
Belle épreuve.

413 — On ne s'avise jamais de tout, par de Larmessin.
Belle épreuve.

414 — Les Oyes de frère Philippe, par de Larmessin.
Belle épreuve.

415 — Le Petit chien qui secoue de l'argent et des pierreries, par de Larmessin.
Très-belle épreuve, grande marge.

416 — Les Rémois, par de Larmessin.
Superbe épreuve, grande marge.

417 — La Servante justifiée, par de Larmessin.
Superbe épreuve, toute marge.

418 — Les Troqueurs, par de Larmessin.
Belle épreuve.
Les onzes pièces précédentes (Contes de La Fontaine), sont toutes avant l'adresse de Buldet.

LANCRET (D'après NICOLAS)

419 — Le Printemps. — L'Automne. Deux pièces en hauteur gravées par B. Audran et N. Tardieu.

Belles épreuves.

420 — Les Quatre âges de la vie. Suite de quatre pièces en largeur, gravées par de Larmessin.

Très-belles épreuves.

421 — Les Quatre éléments. Suite de quatre pièces en hauteur gravées par C.-N. Cochin, N. Tardieu, L. Desplaces, B. Audran.

Très-belles épreuves, grande marge.

422 — Les Quatre heures du jour. Suite de quatre pièces en largeur gravées par de Larmessin.

Belles épreuves, marge.

423 — Les Quatre saisons. Suite de quatre pièces, en largeur, gravées par de Larmessin.

Belles épreuves, marge.

424 — Les mêmes estampes.

425 — Le Jeu de Colin-Maillard, par C. N. Cochin.

Superbe épreuve, marge.

LAVREINCE (NICOLAS)

426 — Les Apprêts du ballet, par Tresca (E. B. 4). (1)

Très-belle épreuve avant toutes lettres; les noms des artistes tracés à la pointe. Rare.

---

(1) Les Gravures françaises au XVIIIe siècle. — Catalogue de l'œuvre de Nicolas Lavreince, par M. Emmanuel Bocher. Paris, Jouaust et Rapilly. 1875.

LAVREINCE (NICOLAS)

427 — L'Assemblée au concert. — L'Assemblée au salon. Deux pièces gravées par Dequevauviller (E. B. 5 et 6).

Très-belles épreuves. Rares.

428 — La Balançoire mystérieuse, par Vidal (E. B. 9).

Très-belles épreuves avec deux *e* au mot *gravé*.

429 — Le Billet doux, par N. de Launay (E. B. 10).

Superbe épreuve avant la lettre, mais avec les armes. Très-rare.

430 — Le Concert agréable, par C.-N. Varin (E. B. 13).

Très-belle épreuve avant toutes lettres; les noms des artistes tracés à la pointe. Elle a de la marge. Rare.

431 — La Consolation de l'absence, par N. de Launay (E. B. 14).

Très-belle épreuve.

432 — Le Contre-temps, par Dequevauviller (E. B. 15).

Très-belle épreuve, avec l'adresse de Bance.

433 — L'École de danse, par F. Dequevauviller (E. B. 22).

Très-belle épreuve avant l'adresse de Bance, grande marge.

434 — L'Heureux moment, par N. de Launay (E. B. 28).

Superbe et rare épreuve avant la dédicace, marge.

435 — La même estampe.

Très-belle épreuve.

436 — L'Innocence en danger, par Caquet (E. B. 31).

Très-belle épreuve, marge.

437 — La Leçon interrompue, par Vidal (E. B. 35).

Belle épreuve.

LAVREINCE (Nicolas)

438 — Le Lever des ouvrières en modes. — Le Coucher
des ouvrières en modes. Deux pièces faisant pendants,
gravées par F. Dequevauviller (E. B. 36 et 16).

Très-belles épreuves avant la correction aux mots *Lavreince* et
Stockholm et avant l'adresse de Bance.

439 — La Marchande à la toilette, par Vidal (E. B. 37).

Très-belle épreuve.

440 — Le Mercure de France, par Guttenberg (E. B. 38).

Belle épreuve, grande marge.

441 — M^ss Merteuil and Miss Cecille Volange. — Valmont
and Presidente de Tourvel. Deux pièces tirées des Liaisons dangereuses, gravées par B. Girard (E. B. 39
et 63).

Superbes épreuves, toutes marges.

442 — Qu'en dit l'abbé? par N. de Launay (E. B. 51).

Superbe épreuve avant la dédicace. Elle a une grande marge et
est de la plus grande fraîcheur. Très-rare.

443 — La même estampe.

Bonne épreuve. Manque de conservation.

444 — Le Restaurant, par Deni (E. B. 53).

Très-belle épreuve.

445 — Le Retour trop précipité, par J.-A. Pierron (E. B.
54).

Très-belle épreuve avant toute adresse, petite marge.

446 — Le Roman dangereux, par Helman (E. B. 56).

Très-belle épreuve, grande marge.

447 — Les Sabots, par J. Couché (E. B. 57).

Très-belle épreuve avant la lettre, mais avec les noms des
artistes. Rare.

LAVREINCE (Nicolas)

448 — La même estampe.
Belle épreuve. Les figures et les mains sont imprimées en rouge
Toute marge.

449 — Les Soins mérités, par de Launay (E. B. 60).
Très-belle épreuve, grande marge.

450 — La Soubrette confidente, par G. Vidal (E. B. 61).
Très-belle épreuve, toute marge.

LE BAS (D'après J.-Ph.)

451 — La Marchande de beignets.
Belle épreuve.

LE BEAU (D'après P.-A.)

452 — La Partie d'œufs frais. — La Réalité du plaisir.
Deux estampes faisant pendants.
Très-belles épreuves, grande marge.

LE BEL (D'après E.)

453 — Le Coup de vent, par Girardet.
Superbe épreuve avant la lettre, grande marge.

454 — Elle est prise, par V. Pillemant et Niquet.
Superbe épreuve avant la lettre, grande marge.

455 — La Fidélité en défaut, par Hémery.
Très-belle épreuve avant la lettre, grande marge.

456 — La Jarretière. — La Puce. Deux pièces gravées
par Aveline.
Belles épreuves.

LE BRUN (D'après)

457 — Le Repas du matin. — La Toilette du midi. — La
Récréation du soir. — Le Divertissement de la nuit.
Quatre pièces faisant pendants, gravées par Dambrun.
Très-belles épreuves, grandes marges.

LE CLERC (D'après F.)

458 — L'Abbé en conqueste. A Paris, chez Bonnart.
Très-belle épreuve.

459 — Le Jeu de l'escarpolette. — La Chute favorable.
Deux pièces faisant pendants, gravées par Deny.
Très-belles épreuves, marges.

LE GENDRE (D'après)

460 — Dame jouant de la harpe, par Chevillet.
Superbe épreuve avant la lettre, grande marge.

461 — Le même sujet, ovale en contre-partie, par Chevillet.
Superbe épreuve avant la lettre.

LE MESLE (D'après)

462 — La Clochette, par Fillœul.
Superbe épreuve, toute marge.

LE PRINCE (D'après J.-B.)

463 — L'Amour à l'espagnole, par A. de Saint-Aubin
et N. Pruneau.
Très-belle épreuve, très-grande marge.

LE PRINCE (D'après J.-B.)

464 — L'Amour des fleurs. — L'Amour du travail. Deux pièces gravées par Chevillet.
Très-belles épreuves.

465 — La Cage symbolique, par Fessard.
Très-belle épreuve, marge.

466 — La Crainte, par N. Le Mire.
Très-belle épreuve avant la dédicace.

LEMOINE et N. POUSSIN (D'après)

467 — Sujets mythologiques. Cinq pièces.

LUNAUD (D'après)

468 — Les Quatre saisons, représentées par des sujets d'enfants, par Le Beau.
Très-belles épreuves, grande marge.

MAGIOTTO (D'après)

469 — Les Métiers, etc. Treize pièces gravées par G. Volpato.

MALLET (D'après)

470 — Chit! chit!.... Par ici !..... Deux pièces gravées par Copia.
Très-belles épreuves, grandes marges.

471 — Les Jeux. — Les Promenades de l'amour. Deux pièces gravées par Beljambe.
Très-belles épreuves avant toutes lettres.

472 — Julie, par Copia.
Très-belle épreuve avant la lettre.

MARILLER (D'après)

473 — Pygmalion et Galatée, par Avril.
Belle épreuve.

MARTINET (M.) .

474 — Pastorales. Suite de quatre petites estampes en
hauteur.
Très-belles épreuves, grandes marges.

MARTINI (P.-A.)

475 — Exposition au salon du Louvre en 1787.
Très-belle épreuve, grande marge.

476 — The Exhibition of the Royal Academy, 1787,
d'après H. Rambert.
Très-belle épreuve, grande marge.

MOITTE (D'après P.-E.)

477 — La Surprise agréable, par Vidal.
Très-belle épreuve avant toutes lettres et avant le changement.
Elle a une petite marge.

477 *bis*. — La même estampe.
Grande marge.

MONSALDY ET DEVISME

478 — Vues des ouvrages de peinture des artistes
vivants, exposés au Museum central des Arts, en
l'an VIII de la R. F. Deux pièces faisant pendants.
Très-belles épreuves. Rares.

MONSIAU (D'après N.)

479 — Érigone, par Cathelin.
Belle épreuve.

MONNET (D'après Ch.

480 — Les Baigneuses surprises, par Vidal.

Très-belle épreuve avant la lettre et avant les changements dans les cheveux faits depuis à la planche.

481 — Renaud et Armide, par G. Vidal.

Superbe épreuve avant toutes lettres et avant la draperie. Rare.

481 *bis*. — La même estampe.

Très-belle épreuve avant la lettre et avant la draperie, mais avec les noms des artistes et quelques retouches faites à la planche.

482 — Salmacis et Hermaphrodite, par Vidal.

Très-belle épreuve avant la lettre.

482 *bis*. — La même estampe.

Belle épreuve avec la lettre.

483 — Vénus et Adonis, par G. Vidal.

Superbe épreuve avant toutes lettres et avant les draperies. Rare.

MOREAU (D'après J.-M.)

484 — Deuxième suite d'Estampes pour servir à l'histoire des mœurs et du costume des Français dans le xviiie siècle. — Déclaration de la grossese, par Martini. — Les Précautions, par Martini. — J'en accepte l'heureux présage, par Trière. — N'ayez pas peur, ma bonne amie, par Helman. — C'est un fils, Monsieur, par Baquoy. — Les Petits parrains, par Baquoy et Patas. — Les Délices de la maternité, par Helman. — L'Accord parfait, par Helman. — Le Rendez-vous pour Marly, par Guttenberg. — Les Adieux, par Delaunay. — La Rencontre au bois de Boulogne, par Guttenberg. — La Dame du palais de la Reine, par Martini. Douze pièces.

Superbes épreuves avec le *Privilége du Roi*. Elles ont de grandes marges.

MOREAU (D'après J.-M.)

485 — Troisième suite d'Estampes pour servir à l'histoire des mœurs et du costume des Français dans le xviiie siècle : Le Lever, par Halbou. — La Petite toilette, par Martini. — La Grande toilette, par Romanet. — La Course de chevaux, par Guttenberg. — Le Pari gagné, par Camlingue. — La Partie de Wisch, par Dambrun. — Oui ou Non, par Thomas. — Le Seigneur chez son fermier, par Delignon. — La Petite Loge, par Patas. — La Sortie de l'Opéra, par Malbeste. — Le Souper fin, par Helman. — Le Vrai bonheur, par Simonet. — La Matinée, par Rosse, d'après Freudeberg. — La Surprise, par Ingouf, d'après Freudeberg. Ces deux dernières pièces ont été réduites pour être intercalées à la suite des Moreau. Quatorze pièces.

Très-belles épreuves, sans le Privilége du Roi. Elles ont de grandes marges ; plus le texte complet de l'ouvrage. A *Strasbourg*, chez *J.-G. Treuttel*, 1789, non rogné.

486 — Le Seigneur chez son fermier, par de Lignon.
Belle épreuve.

487 — Le Festin royal. — Le Bal masqué.
Deux pièces faisant pendants, belles épreuves.

488 — Vignettes pour les chansons de de Laborde.
Neuf pièces. Très-belles épreuves, non ébarbées.

MOUCHET (D'après F.)

489 — L'Illusion, gravée par R. et D.
Très-belle épreuve, grande marge.

MOVÉ (A Paris, chez)

490 — Le Cabaret de Monsieur et Madame Ramponeau.
Deux pièces faisant pendants. Au milieu de la marge
inférieure de chaque pièce les portraits de Ramponeau et de sa femme.
>Belles épreuves. Rares.

NAUDET (A Paris, chez)

491 — La Désolation des filles de oie. Pièce gravée à
l'eau-forte.
>Très-belle épreuve avant toutes lettres.

491 *bis*. — La même estampe.
>Belle épreuve.

PATER (D'après J.-B.

492 — L'Amour et le badinage, par Fillœul.
>Très-belle épreuve.

493 — La même estampe.
>Belle épreuve.

494 — L'Aimable entrevue, par J. Tardieu
>Très-belle épreuve, toute marge.

495 — Les Amants heureux, par Fillœul.
>Très-belle épreuve, marge.

496 — Le Baiser donné. — Le Baiser rendu. Deux pièces
par Fillœul.
>Belles épreuves, avec l'adresse de N. de Larmessin. Marge.

497 — Le Belle Bouquetière. — L'Agréable société. Deux
pièces, gravées par Fillœul.
>Très-belles épreuves, avec l'adresse de Fillœul. Toutes marges.

PATER (D'après J.-B.)

498 — Le Colin-Maillard. — Le Concert amoureux. — La Conversation intéressante. — La Danse. Suite de quatre pièces, gravées par Fillœul.
Belles épreuves avec l'adresse de Fillœul, moins la première qui est avec celle de Surugue.

499 — Le Colin-Maillard. — La Conversation intéressante. Deux pièces, gravées par Fillœul.
Belles épreuves.

500 — La Courtisane amoureuse, par Fillœul.
Très-belle épreuve avec l'adresse de Fillœul.

501 — Le Désir de plaire. — Le Plaisir de l'été. Deux pièces, gravées par L. Surugue.
Très-belles épreuves, toute marge.

502 — L'Essai du bain, par Voyez.
Très-belle épreuve.

503 — Le Glouton, par Fillœul.
Belle épreuve avec l'adresse de N. de Larmessin. Marge.

504 — Marche comique, par Ravenet.
Belle épreuve.

505 — L'Orchestre de village, par Ravenet.
Très-belle épreuve.

506 — La Peintresse, par Galimar.
Belle épreuve. Rare.

507 — Le Savetier, par Fillœul.
Belle épreuve avec l'adresse de Larmessin. Marge.

508 — Tente de Vivandière du quartier général, par Baudoin.
Très-belle épreuve, marge.

PATER (D'après J.-B.)

509 — La Bonne Aventure. — Le May. Deux pièces, gravées par Patas, tirées du cabinet de M. le duc de Choiseul.

Belles épreuves.

510 — Seize pièces, par différents graveurs, pour le Roman comique de Scaron.

Très-belles épreuves, toutes marges.

PÉTERS (D'après)

511 — L'Amour Maternelle, par Chevillet.

Très-belle épreuve.

512 — Les Enfants grondés, par Chevillet.

Très-belle épreuve avant la lettre, marge.

513 — La Petite marchande de carpes, par Le Vasseur.

Belle épreuve, grande marge.

PETITOT (D'après E.)

514 — Mascarade à la grecque, suite de dix estampes, gravées par B. Bossi.

Belles épreuves.

PIERRE (D'après J.-M.)

515 — La Savoyarde, par de Larmessin.

Belle épreuve.

516 — La Sculpture, par M.-M. Igonet.

Belle épreuve.

QUEVERDO (D'après J.-M.)

517 — Les Amours du boccage. — Les Baigneuses champêtres. Deux pièces, gravées par Dambrun. Compositions ovales dans des cadres ornementés. ·
Très-belles épreuves, toutes marges.

518 — Les Aveux sincères ou les Accords de mariage, par Martini.
Superbe épreuve, toute marge.

519 — Le Coucher de la mariée. — Le Lever de la mariée. Deux pièces, gravées par Dambrun.
Très-belles épreuves.

520 — La Jouissance, par Martine.
Belle épreuve.

521 — Scènes du Déserteur, opéra comique de Monsigny. Deux pièces, par Dambrun.
Belles épreuves.

522 — Le Sommeil interrompu, par Dambrun.
Superbe épreuve avant la dédicace, grande marge.

523 — La même estampe.
Belle épreuve.

524 — Les Quatre Saisons. Suite de quatre pièces, gravées par Dambrun.
Très-belles épreuves.

525 — Nouvelle du Bien-Aimé, par Romanet.
Très-belle épreuve, petite marge.

RAOUX (D'après J.)

526 — Angélique et Médor, par de Launay.
Très-belle épreuve avant la dédicace, grande marge.

RAOUX (D'après J.)

527 — La Lecture, par Beauvarlet.
Très-belle épreuve, grande marge.

528 — Offrande à Priape, par Beauvarlet.
Très-belle épreuve, grande marge.

529 — Le Rendez-vous agréable, par Beauvarlet.
Très-belle épreuve.

530 — Satyre jouant de la flûte près d'une nymphe, Bazan *exc*.
Superbe épreuve avant la lettre, marge.

531 — Les Vierges sages et les Vierges folles, par de Launay.
Très-belle épreuve avant toutes lettres.

REGNAULT (Peint et gravé par)

532 — Dors, dors... — Ah! s'il s'éveillait! Deux pièces faisant pendants.
Très-belles épreuves avant toutes lettres, imprimées en bistre.

RENOU (D'après)

533 — Jupiter et Io, par Le Grand.
Très-belle épreuve avant la lettre.

SAINT-AUBIN (Gabriel de)

534 — Le Salon du Louvre, 1753. (P. de B. 19.)
Superbe épreuve du premier état, avant le mot *exact* et avec la date de 1753, qui plus tard a été convertie en celle de 1767.

SAINT-AUBIN (D'après G.)

535 — Les Enfants bien avisés, par F. Tardieu.
Très-belle épreuve, marge.

SAINT-AUBIN (A.)

536 — Comptez sur mes serments. — Au moins soyez
discret.

Superbes épreuves avant toutes lettres ; le nom du maître tracé
à la pointe. Toute marge. Très-rare en cette condition.

537 — Les mêmes estampes.

Superbes épreuves du même état, également à toutes marges.

538 — Jupiter et Léda, d'après P. Véronèse.

Belle épreuve, marge.

SAINT-AUBIN (D'après A.)

539 — Le Bal paré. — Le Concert. Deux pièces charmantes pour la variété et l'agencement des costumes, gravées par A. J. Duclos.

Superbes épreuves, avec Privilége du roi et l'adresse de Chereau.
Grandes marges. Très-rares à rencontrer en aussi belle condition.

540 — Ballet dansé au théâtre de l'Opéra dans le carnaval du Parnasse. — La Guinguette, divertissement-
pantomime du Théâtre-Italien. Deux pièces faisant
pendant, gravées par Basan.

Très-belles épreuves, avec marges. Rares.

541 — Tableau des Portraits à la mode. — La Promenade des remparts de Paris. Deux charmantes pièces,
gravées par Courtois.

Très-belles épreuves. La dernière a de grandes marges.

542 — C'est ici les différents jeux des petits polissons de
Paris.

Épreuves à toutes marges.

543 — La Comparaison du bouton de rose, par Dennel.

Très-belle épreuve avant toutes lettres.

SAINT-AUBIN (D'après A.)

544 — Deux Vues de Trianon.
Superbes épreuves avant toutes lettres. Rares.

545 — La Marchande de châtaignes, par Ch. de P.
Très-belle épreuve avec marge. Rare.

SAINT-QUENTIN (D'après)

546 — La Coquette du village, par Anselin.
Très-belle épreuve, grande marge.

SCHENEAU (D'après J.-E.)

547 — L'Amour conduit par la Folie, par Littret.
Très-belle épreuve avant toutes lettres, grande marge.

548 — La Belle Fileuse. Deux pièces, gravées par R. Gaillard.
Très-belles épreuves, grande marge.

549 — L'Image de la beauté, par Chevillet.
Très-belle épreuve.

550 — La Leçon de botanique, par Chevillet.
Très-belle épreuve.

551 — Le Maître de guitare, par de Duflos.
Belle épreuve.

552 — L'Origine de la peinture ou les Portraits à la mode. Deux pièces, gravées par J. Ouvrier.
Très-belles épreuves, grandes marges.

SCHENEAU et WILLE fils (D'après)

553 — La Mystérieuse. — La Prude. — La Nonchalante. — La Rusée. Quatre jolies pièces à costumes, gravées par Louise Gaillard.
Très-belles épreuves, marges.

TANCHE (D'après N.)

554 — Les Désirs naissants, par Le Beau.
Très-belle épreuve. Rare.

TAUNAY (D'après)

555 — Foire de village. — Noce de village. Deux petites pièces, gravées par Descourtis.
Belles épreuves, grandes marges.

TOUZÉ (D'après J.)

556 — Le Charlatan. — Le Conducteur d'ours. Deux pièces, gravées par Miger.
Belles épreuves.

557 — La Marchande de noisettes. — La Marchande d'œufs. Deux pièces, gravées par A. F. Hemery.
Très-belles épreuves, grandes marges.

TRINQUESSE (D'après L.)

558 — L'Irrésolution ou la Confidence, par J. Pierron.
Très-belle épreuve, grande marge.

TROOST (D'après)

559 — Arlequin magicien. — L'Amoureuse Brigite. — Déclaration et Proposition de mariage. — L'Ambassadeur de Lamberlotten. Cinq pièces, gravées par Tanjé.

VAN GORP (D'après)

560 — C'est Papa ! par de Launay.
Très-belle épreuve, grande marge.

VAN LOO (D'après C.)

561 — Les Baigneuses, par L. Lempereur.
Très-belle épreuve, grande marge.

562 — La Comédie. — La Tragédie. Deux pièces, gravées par Salvador.
Très-belles épreuves, marges.

563 — La Confidence. — La Sultane. Deux pièces, gravées par Beauvarlet.
Superbes épreuves avant toutes lettres; marges.

564 — Les mêmes estampes.
Belles épreuves.

565 — Halte d'officiers, par Ravenet.
Belle épreuve.

566 — Madame Favart en costume de paysanne dans le
rôle de Bastienne, par J. Daullé.
Très-belle épreuve, grande marge.

567 — Les Arts libéraux. Suite de quatre estampes, gravées par E. Fessard.
Très-belles épreuves.

VARIN (D'après)

568 — La Danse de Peccata. — La Danse de l'ours. Deux
petites pièces faisant pendants.
Très-belles épreuves, marges.

VIEN (D'après J.)

569 — La Vertueuse athénienne, par J.-J. Flippart.
Belle épreuve.

V... (D'après)

570 — La Soirée du Palais-Royal, par Gaquet.

Superbe épreuve, grande marge.

VERNET (D'après)

571 — L'Abbé offrant une prise de tabac à une Dame, par Le Bas.

Très-belle épreuve avant toutes lettres, grande marge.

572 — L'Officier en promenade du midi, par Le Bas.

Belle épreuve.

VILLENEUVE (À Paris, chez)

573 — Le Cauchemar de l'aristocratie. — La Joie des Français. Deux petites pièces ovales relatives à la Révolution, gravées au pointillé.

Belles épreuves.

574 — La Liberté patronne de la France. — Vivre libre ou mourir. — Le Perruquier patriote. Trois petites pièces relatives à la Révolution.

VLEUGHELS (D'après N.)

575 — Frère Luce, par de Larmessin.

Belle épreuve.

WALKCHEIM (Inv. et sculp.)

576 — Vie très-agréable des moines.

Belle épreuve.

WATTEAU (D'après ANTOINE)

577 — La Troupe italienne, par Watteau. *Sous un habit de Mezetin*, etc., par Thomassin le fils. Deux pièces tirées sur la même feuille.

Très-belles épreuves, avec l'adresse de F. Chereau, toute marge.

578 — Monsieur de Julienne jouant du violoncelle près de Watteau, dans un jardin, par Tardieu.

Très-belle épreuve, toute marge.

579 — Portrait de Watteau, en buste, vu de trois quarts, par L. Crepy fils. — *La plus belle des fleurs ne dure qu'un matin*, par J. M. Liotard. Deux pièces tirées sur la même feuille.

Très-belles épreuves du 1er état, avec les adresses de Gersaint et de Thommassin fils. Toute marge.

580 — L'Accord parfait, par Baron.

Très-belle épreuve.

581 — L'Accordée de village, par N. de Larmessin.

Manque de conservation.

581 *bis* — Les agréments de l'été, par J. de Favannes.

Très-belle épreuve.

582 — Les agréments de l'été, par Joulin.

Très-belle épreuve.

583 — L'Alliance de la Musique et de la Comédie, par J. Moyreau.

Très-belle épreuve, toute marge.

584 — L'Amante inquiète. — La Rêveuse. Deux pièces. gravées par P. Aveline, tirées sur la même feuille.

Belles épreuves, toute marge.

585 — L'Amour mal accompagné, par Dupin.

Très-belle épreuve.

WATTEAU (D'après NICOLAS)

586 — L'Amour au Théâtre-Italien, par N. Cochin.
Très-belle épreuve, marge.

✝ 587 — L'Amour paisible, par Baron.
Magnifique épreuve avant toutes lettres et en parfaite condition.
Très rare.

588 — La même estampe.
Très-belle épreuve.

589 — *L'Amour paisible.* — Le *Galant jardinier*. Deux
pièces, gravées par J. de Favannes, tirées sur la même
feuille.
Très-belles épreuves, toute marge.

590 — Amusements champêtres, par B. Audran.
Très-belle épreuve.

591 — *Arlequin, Pierrot et Scapin*, etc. — *Pour nous prou*ver *que cette belle*, etc. Deux pièces, gravées par L.
Surugue, tirées sur la même feuille.
Très-belles épreuves, toute marge.

592 — L'Assemblée galante, par Le Bas.
Magnifique épreuve épreuve avant toutes lettres et avec une
petite marge. Très-rare à rencontrer en cette condition.

93 — L'Aventurière. — *Pour garder l'honneur d'une belle.*
Deux pièces.
Belles épreuves.

594 — Le Bain rustique, par A. Cardon.
Trèsbelle épreuve.

595 — Bon voyage! par B. Audran. — *Coquettes qui pour*
voir *galants au rendez-vous*, par H. S. Thomassin fils.
Deux pièces, tirées sur la même feuille.
Très-belles épreuves, toute marge.

WATTEAU (D'après Nicolas)

596 — La Cascade, par G. Scotin.
Très-belle épreuve, marge.

597 — Camp volant, par N. Cochin.
Très-belle épreuve, marge.

598 — Les Champs-Élysées, par N. Tardieu.
Très-belle épreuve.

599 — Le Chat malade, par J. E. Liotard.
Très-belle épreuve. Rare.

600 — Le Colin-Maillard, par N. Brion.
Belle épreuve.

601 — La Collation, par J. Moyreau.
Très-belle épreuve, grande marge.

602 — Comédiens français, par Liotard.
Très-belle épreuve, toute marge.

603 — Comédiens italiens, par Baron.
Très-belle épreuve, marge.

604 — Le Concert champêtre, par B. Audran.
Belle épreuve.

605 — Le Conteur, par C. N. Cochin.
Très-belle épreuve avant le titre et avant divers travaux. Au bas
huit vers : *Au faible effort que fait Iris pour se défendre*, etc.
Très-rare.

606 — La même estampe.
Très-belle épreuve avec le titre; les vers sont supprimés. Toute
marge.

607 — La Conversation, par M. Liotard.
Très-belle épreuve, marge.

608 — La Danse paysanne, par B. Audran.
Très-belle épreuve.

WATTEAU (D'après Nicolas)

609 — Le Départ de garnison, par Ravenet.
Belle épreuve.

610 — Départ des Comédiens italiens en 1697, par
L. Jacob.
Très-belle épreuve, marge.

611 — La même estampe.
Très-belle épreuve.

612 — Les Deux cousines, par Baron.
Très-belle épreuve, toute marge.

613 — La Diseuse d'aventure, par Cars.
Très-belle épreuve, toute marge.

614 — Le Docteur, par B. Audran. — La Villageoise,
par Aveline. Deux pièces tirées sur la même feuille.
Très-belles épreuves, toute marge.

615 — L'Embarquement pour Cythère, par Tardieu.
Magnifique épreuve, grande marge.

616 — L'Enchanteur. — L'Aventurière. Deux pièces
gravées par B. Audran, tirées sur la même feuille.
Très-belles épreuves, toute marge.

617 — Les Enfants de Bacchus, par Fessard. — Les
Enfants de Silène, par Dupin. Deux pièces.
Belles épreuves.

618 — L'Enlèvement d'Europe, par P. Aveline.
Belle épreuve.

619 — L'Enseigne, par Aveline.
Superbe épreuve avec une petite marge. Rare.

620 — Entretiens amoureux, par Liotard.
Très-belle épreuve, marge.

WATTEAU (D'après Nicolas)

624 — L'Escarpolette. A Paris, chez Declaron.
Belle épreuve.

622 — La Famille, par P. Aveline.
Très-belle épreuve.

623 — Fêtes au Dieu Pan, par M. Aubert.
Belle épreuve.

× **624** — Fêtes vénitiennes, par L. Cars.
Superbe épreuve avant l'adresse de la veuve de F. Chereau
grande marge.

625 — La Finette, par B. Audran. — L'Indifférent, par
G. Scotin. Deux pièces tirées sur la même feuille.
Très-belles épreuves, toute marge.

626 — Halte, par J. Moyreau.
Très-belle épreuve, grande marge.

627 — Harlequin jaloux, par Chedel.
Très-belle épreuve, toute marge.

628 — L'Ile de Cythère, par Larmessin.
Belle épreuve.

629 — *Iris, c'est de bonne heure avoir l'air à la danse*, etc.
Heureux, âge, *âge d'or où sans inquiétude*, etc. Deux
pièces gravées par Tardieu.
Belles épreuves; la première avec l'adresse de Chereau, et la
seconde avec celle de Sirois.

630 — La Leçon d'amour, par C. Dupuis.
Très-belle épreuve.

634 — La Lorgneuse, par G. Scotin.
Très-belle épreuve, toute marge.

WATTEAU (D'après NICOLAS)

632 — Louis XIV mettant le cordon bleu à M. de Bourgogne, père de Louis XV roi de France régnant, par N. de Larmessin.

Très-belle épreuve.

633 — La Mariée de village, par C. N. Cochin.

Très-belle épreuve.

634 — La Marmotte. — La Fileuse. Deux pièces gravées par B. Audran, tirées sur la même feuille.

Très-belles épreuves, toute marge.

635 — La Musette. par Moyreau.

Très-belle épreuve.

636 — La Partie carrée, par J. Moyreau.

Très-belle épreuve.

637 — La Sculpture. — La Peinture. Deux pièces gravées par Desplaces, tirées sur la même feuille.

Très-belles épreuves, toute marge.

+ 638 — La Perspective, par Crépy.

Très-belle épreuve, marge.

639 — Pierrot content, par E. Jeaurat.

Très-belle épreuve.

+ 640 — Les Plaisirs du bal, par Scotin.

Très-belle épreuve, grande marge.

+ 641 — Le Plaisir pastoral, par N. Tardieu.

Superbe épreuve avant toutes lettres. Très-rare.

642 — La même estampe.

Très-belle épreuve.

643 — Les Plaisirs de l'été, par Picot.

Belle épreuve.

WATTEAU (D'après NICOLAS)

644 — Le Pénitent, par Fillœul. — La Pollonnoise, par Aubert. Deux pièces tirées sur la même feuille.

Très-belles épreuves, toute marge.

645 — Pomone, par Boucher.

Très-belle épreuve, toute marge.

646 — Promenade sur les remparts, par Aubert.

Très-belle épreuve.

647 — La Proposition embarrassante, par N. Tardieu.

Très-belle épreuve.

648 — Les Quatre saisons. Suite de quatre estampes en hauteur, gravées par Desplace, M. J. Renard du Bos, Fessard et J. Audran.

Très-belles épreuves.

649 — Les Quatre saisons, suite de quatre estampes en largeur, gravées par Brillon, Moyreau, J. Audran et N. de Larmessin.

Belles épreuves, tachées d'humidité.

650 — Le Rendez-vous, par B. Audran.

Très-belle épreuve.

651 — Rendez-vous de chasse, par Aubert.

Superbe épreuve avant toutes lettres et de la plus grande fraicheur. Très-rare.

651 bis. La même estampe.

Très-belle épreuve.

652 — Le Repas de campagne, par Deplace.

Très-belle épreuve, toute marge.

653 — Retour de campagne, par N. Cochin.

Très-belle épreuve, toute marge.

WATTEAU (D'après Nicolas)

654 — Retour de chasse (portrait de Mme de Vermenton, nièce de M. de Julienne), par B. Audran.
Très-belle épreuve, marge.

655 — Retour de guinguette, par P. Chedel, Retour de campagne, par N. Cochin. Deux pièces.

656 — La Sainte Famille, par M. J. Renard du Bos.
Très-belle épreuve.

657 — La Signature du contrat, par A. Cardon.

658 — La Sultane. — Mézétin. Deux pièces gravées par B. Audran, tirées sur la même feuille.
Très-belles épreuves, toute marge.

659 — Le Sommeil dangereux, par M. Liotard.
Très-belle épreuve, toute marge.

660 — Le Teste a teste, par B. Audran.
Très-belle épreuve.

661 — La Toilette. Une chambrière apporte à sa maîtresse un vase et une éponge, par P. Mercier.
Superbe épreuve d'une pièce excessivement rare.

662 — Le Triomphe de Céres, par Crépy.
Belle épreuve.

663 — La Troupe italienne, par Boucher.
Très-belle épreuve, toute marge.

664 — Un Baiser ou la Rose, par Fessard.
Belle épreuve.

665 — Vénus sur les eaux, par P. Mercier.
Très-belle épreuve, rare.

666 — *Voulez-vous triompher des belles?* par Thomassin.
Très-belle épreuve avec l'adresse de Thomassin.

WATTEAU (D'après NICOLAS)

667 — L'Escarpolette, par L. Crépy fils.
Très-belle épreuve, grande marge.

668 — Le Dénicheur de moineaux, par F. Boucher.
Superbe épreuve, toute marge.

669 — Paravent de six feuilles. Suite de six pièces gravées par L. Crépy fils.
Très-belles épreuves, tirées à deux sur la feuille, toute marge.

670 — Le Présent champêtre. — Le Duo champêtre.
Deux pièces.
Très-belles épreuves, marge.

671 — Les Quatre saisons. — Suite de quatre pièces
gravées par F. Boucher.
Très-belles épreuves, marge.

671 bis — La même suite.
Très-belles épreuves, marge.

672 — L'Abreuvoir. — Le Marais. — Colation champêtre. — L'Ile enchantée. Quatre pièces, gravées par
L. Jacob, L. Crépy et Ph. le Bas.

673 — Les Champs Élysées. — Entretiens amoureux.
Deux pièces gravées par Liotard et Tardieu.

674 — Le Théâtre. — Le Berceau. Deux pièces gravées
par Huquier.
Très-belles épreuves, toute marge.

— Costumes chinois. Suite de douze pièces gravées
par Jeaurat.
Belles épreuves.

WATTIER (D'après E.)

676 — Un petit Souper du Régent (1720), par A. Riffaut.
Belle épreuve.

WILLE (D'après P.-A.)

677 — Les Conseils maternels, par Lempereur.
Superbe épreuve avant la lettre.

678 — L'Essai du corset. — Dédicace d'un poëme épique.
Deux pièces gravées par A. F. Dennel.
Très-belles épreuves.

679 — Les Joueurs, par L. Romanet.
Belle épreuve.

680 — La Mère contente. — La Mère mécontente. Deux
pièces gravées par Ingouf.
Très-belles épreuves, marges.

681 — La Mère mécontente, par Ingouf.
Superbe épreuve avant toutes lettres, marge.

682 — La Noce de village, par Janinet.
Belle épreuve.

683 — Le Petit marchand d'oranges, par Chevillet.
Belle épreuve, grande marge.

684 — Le Pucelage, par J. H. E.
Belle épreuve, marge.

685 — Petit Waux-Hall. Dessiné et gravé par P. A Wille
fils, 1780.
Très-belle épreuve.

ÉCOLE FRANÇAISE DU XVIIIᵉ SIÈCLE

PIÈCES IMPRIMÉES EN COULEUR

Œuvre de P.-L DEBUCOURT

ALIX (P.-M.)

686 — Baptiste aîné, de la Comédie-Française. Sur le socle, la scène IX, du quatrième acte de Robert, chef de brigands. In-folio.
> Très-belle épreuve.

687 — Marie-Anne *Charlotte Corday*, in-folio.
> Très-belle épreuve.

688 — P. L. Dubus *Preville*, de la Comédie Française. Sur le socle, trois médaillons où il est représenté dans différents rôles. In-folio.
> Très-belle épreuve, marge.

689 — Madame *Maillard*, du théâtre des Arts.
> Très-belle épreuve, marge.

690 — *Michu*, du théâtre de l'Opéra-Comique. Sur le socle, deux médaillons où il est représenté dans deux rôles différents. In-folio.
> Très-belle épreuve, marge.

691 — *J. B. Poquelin de Molière*, d'après Garneray. Sur le socle, une scène de Tartuffe. In-folio.
> Très-belle épreuve.

692 — Madame *Saint-Aubin*, du théâtre de l'Opéra-Comique, d'après Garneray. Sur le socle, la scène IV d'Ambroise, opéra-comique. In-folio.
> Très-belle épreuve.

ALIX (P.-M.)

693 — F. M. Arouet *de Voltaire*, d'après Garneray, in-folio.

Très-belle épreuve.

694 — Portraits de personnages célèbres : Buffon. — Condillac. — Descartes. — Diderot. — Fénelon. — Helvétius. — Lavoisier. — Linné. — Lycurgue. — Mably. — Marat. — Mirabeau. — Montaigne. — Montesquieu. — Raynal. — J. J.-Rousseau. — Voltaire. Dix-sept pièces.

Très-belles épreuves.

ANONYME

695 — *Louis XVI*, roi de France, en buste dans un médaillon de forme ronde. En bas, dans un cartouche, la scène des adieux du roi à sa famille. *Marie-Antoinette*, pièce faisant pendant à la précédente ; en bas, dans un cartouche, la scène des adieux de la reine à sa famille. Deux pièces.

Très-belles épreuves. Rares.

696 — Trente petits Médaillons sur la même feuille. Figures de différents caractères.

Belle épreuve.

ARDELL (J.-Mac)

697 — Rubens, sa femme et son enfant en pied, d'après Rubens.

Très-belle épreuve, marge.

BANCE (A Paris, chez)

698 — Suite effrayante des fréquentations du sérail. Pièce coloriée.

BARTOLOZZI (F,)

699 — Harcourt (Elisabeth Vernon, comtesse d'Harcourt),
d'après Angelica Kauffmann, in-4°.
Très-belle épreuve tirée en bistre. Rare.

BENAZECH (C.)

700 — Le Couronnement de la Rosière. — Le Prix de
l'Agriculture. Deux pièces faisant pendants.
Belles épreuves.

BLANCHARD

701 — Le Sérail parisien ou le Bon ton de 1802. Pièce
imprimée en bistre.
Très-belle épreuve avec marge.

BOILLY (D'après)

702 — L'Amant favorisé. — La Comparaison des petits
pieds. Deux pièces ovales faisant pendants. A Paris,
chez Fillion et Valmont.
Très-belles épreuves.

703 — La douce Résistance. — On la tire aujourd'hui.
Deux pièces gravées par Tresca.
Superbes épreuves, grandes marges.

704 — Les Femmes se battent. — Les Hommes se dispu-
tent. A Paris, chez Bance. Deux pièces.
Belles épreuves.

BONNET (D'après L.)

705 — Une Naïade, d'après Boucher.
Très-belle épreuve.

BONNET (D'après L.)

706 — Jeune Femme nue, assise sur un lit, d'après Boucher. A la sanguine.
Très-belle épreuve avant la draperie.

707 — Le Réveil de Vénus, d'après Boucher.
Première épreuve avant la guirlande de fleurs. A plusieurs crayons.

708 — La même Estampe.
Épreuve avec la guirlande de fleurs. A plusieurs tons sur papier bleu.

709 — Vénus et l'Amour, d'après Boucher. A plusieurs crayons.

710 — Vénus surprise par l'Amour, d'après Boucher. Aux deux crayons.

711 — Madame de Pompadour, à mi-corps, d'après Boucher. A plusieurs crayons.
Très-belle épreuve.

712 — Le Marchand d'orviétan de campagne, d'après Carême.
Belle épreuve.

713 — Le Bon accord. — Le Joli nid. Deux pièces ovales faisant pendants, d'après Cheveaux.
Belles épreuves.

714 — Le Bain, d'après Jollain.
Très-belles épreuve, marge.

715 — La Toilette, d'après Jollain.
Très-belle épreuve.

716 — Le Jeu de dames. — Le Jeu de dominos, d'après Leclerc. Deux pièces faisant pendants. A la sanguine.
Très-belles épreuves.

BONNET (D'après L.)

717 — L'Aimable famille. — L'Aimable société. Deux
pièces.
    Très-belles épreuves.

718 — La Danse. — La Musique. Deux pièces faisant
pendants.
    Très-belles épreuves.

719 — Jeune Couple en promenade, le monsieur porte
un chien sous son bras. Autre faisant pendant. Deux
pièces curieuses pour les coiffures. A la sanguine.

720 — Repos de Cérès. Petite pièce ovale.
    Belle épreuve.

BOREL (D'après)

721 — La Bascule. — Le Charlatan. Deux pièces faisant
pendants, gravées par Léveillé.
    Très-belles épreuves. Rares.

722 — Le Bain interrompu. — La Circassienne à l'en-
can, par Léveillé. Deux pièces faisant pendants.
    Belles épreuves.

BOSIO (D'après D.)

723 — La Bouillotte. Pièce coloriée.
    Belle épreuve ; elle est remargée.

724 — Bal de l'Opéra. Pièce coloriée.
    Très-belle épreuve.

725 — Bal de société. Pièce coloriée.
    Très-belle épreuve avec marge.

726 — Le Coucher des ouvrières en linge. Deux pièces
coloriées.

BOSIO (D'après D.)

727 — L'Escamoteur, par Ruotte. Pièce coloriée.
Belle épreuve.

BOUCHER (D'après F.)

728 — La Confidence, par Godefroy.
Belle épreuve.

729 — Les Grâces, par Charpentier, imprimé en bistre.

BOYDELL

730 — Madame la Comtesse de *Cagliostro*, in-4°.
Superbe épreuve avant toutes lettres, toute marge.

CARÊME (D'après P.)

731 — Le Culte systématique. — Bacchus préside à la
fête. Deux pièces gravées par Janinet.
Très-belles épreuves, grande marge.

732 — La Gaieté au cabaret, par Mixelle. Deux piéces
faisant pendants.
Très-belles épreuves.

733 — Le Réveil du Carlin, par Carrée.
Belle épreuve, grande marge.

734 — Le Satyre amoureux. — La Bacchante enivrée.
Deux pièces gravées par Janinet.
Très-belles épreuves avant toutes lettres.

735 — Vénus au bain. — Vénus sortie du bain. Deux
petites pièces rondes, gravées par Léveillé.
Belles épreuves.

CARÊME (D'après D.)

736 — Les Plaisirs bachiques, par Bonnet. Aux deux crayons.
Épreuve avant la lettre.

CHALLE (D'après M.-A.)

737 — L'Amant surpris. — Les Espiègles. Deux pièces gravées par Descourtis.
Très-belles épreuves.

738 — Le Déjeuner, par Bonnet.
Très-belle épreuve, grande marge.

739 — Le Panier renversé, par E. Buisson.
Superbe épreuve avant toutes lettres, grande marge.

740 — Quand l'Hymen dort , l'Amour veille , par Maucler.
Très-belle épreuve, grande marge.

741 — *The officious waiting Woman*, par Chaponnier.
Très-belle épreuve avant la lettre.

CHAPUY (J.-B.)

742 — La Réponse embarrassante, d'après Brion.
Belle érreuve.

743 — Vue perspective du Champ-de-Mars , d'après Le Roi.
Belle épreuve.

CHARLIER (D'après)

744 — Sommeil de Vénus. — Réveil de Vénus. Deux petites pièces ovales, gravées par Janninet.
Belles épreuves.

CHARLIER (D'après)

745 — Le Repos de Diane. — Vénus sur les eaux. Deux
petites pièces par Jubier.
Belles épreuves.

CHATAIGNIER (A Paris, chez)

746 — Audience publique du Directoire. Pièce coloriée, curieuse pour les Costumes.

747 — La Mère à la mode. — La Mère, telles que toutes
devraient être. Pièce coloriée.

COLLYER (Joseph)

748 — Charlotte, reine d'Angleterre, d'après J. Russell,
in-f°.
Très-belle épreuve. Très-rare.

CONBÉAU (A Paris, chez)

749 — Mademoiselle la chevalière d'Eon de Beaumont
se battant en duel avec M. de Saint-Georges. Pièce
coloriée.

COUTELLIER

750 — Mademoiselle *Maillard*, de l'Académie royale de
musique, in-8°.
Superbe épreuve, toute marge.

741 — Mademoiselle *Olivier*, de la Comédie-Française,
dans le rôle de Chérubin du Mariage de Figaro,
in-8°.
Superbe épreuve, toute marge.

DAGOTY (G.)

752 — Le Bain, d'après Lemoine.
Belle épreuve.

DARCIS

753 — L'Anglomane, d'après C. Vernet.
Très-belle épreuve, grande marge.

DAVESNE (D'après)

754 — Les Cerises. — Les Prunes. Deux pièces ovales faisant pendants, gravées par Vidal.
Belles épreuves.

DEBUCOURT (P.-L.)

755 — Annette et Lubin.
Superbe épreuve avant la lettre.

756 — Les deux Baisers.
Magnifique épreuve avant la lettre et de la plus grande fraîcheur, extrêmement rare à rencontrer en cet état.

757 — Les Bouquets ou la Fête de la grand'maman. — Le Compliment ou la Matinée du jour de l'an. Deux pièces faisant pendants.
Magnifiques épreuves du premier état avec le nom de l'artiste tracé à la pointe pour la première et avant le nom de l'artiste pour la seconde. Toutes deux sont avant l'adresse de Debucourt. Elles sont de la plus grande fraîcheur. Très-rares en cet état.

758 — Frascati. Pièce curieuse pour les costumes.
Superbe épreuve en parfaite condition; elle a toute sa marge.

759 — Heur et Malheur ou la Cruche cassée. — L'Escalade ou les Adieux du matin. Deux pièces faisant pendant.
Très-belles épreuves.

DEBUCOURT (P.-L.)

760 — La Main.
Très-belle épreuve. Rare.

761 — Le Menuet de la mariée. — La Noce au château.
Deux pièces faisant pendants.
Très-belles épreuves.

762 — La Noce au château.
Superbe épreuve avant toutes lettres.

763 — La Promenade publique. Cette pièce capitale du
maître offre la réunion la plus complète des costumes et mœurs de l'époque.
Magnifique épreuve avant la lettre, de la plus grande fraîcheur.
Très-rare.

764 — Les Courses du matin ou la Porte d'un riche
(1805).
Très-belle épreuve, Rare à trouver en couleur.

765 — Il est pris. — Elle est prise. Deux pièces ovales
faisant pendants.
Très-belles épreuves.

766 — Minet aux Aguets. Pièce ovale.
Très-belle épreuve.

767 — Les Aveugles, d'après C. Vernet.
Belle épreuve.

768 — Les Chevaux de bateau, d'après C. Vernet.
Belle épreuve.

769 — La Danse des chiens en désordre, d'après C.
Vernet.
Très-belle épreuuve.

770 — Les Joueurs de boules, d'après C. Vernet.
Belle épreuve.

DEBUCOURT (P.-L.)

771 — Le Joueur de cornemuse, d'après C. Vernet.
Belle épreuve.

772 — Marchand de vin des environs de Rome, d'après C. Vernet.
Belle épreuve.

773 — Retour des champs, d'après C. Vernet.
Belle épreuve.

774 — Route du marché, d'après C. Vernet.
Belle èpreuve.

775 — Route de Naples, d'après C. Vernet.
Belle épreuve.

776 — La même estampe.
Belle épreuve tirée en noir.

777 — Route de Poissy, d'après C. Vernet.
Belle épreuve.

778 — Route de poste d'après Vernet.
Belle épreuve.

779 — Route de Saint-Cloud, d'après C. Vernet.
Belle épreuve.

780 — La même estampe.
Belle épreuve.

781 — Chacun son tour, d'après C. Vernet.
Belle épreuve.

782 — Le Cosaque galant, d'après C. Vernet.
Belle épreuve.

783 — Goûter des Anglais.
Belle épreuve.

DEBUCOURT (P.-L.)

784 — Il n'y a pas de feu sans fumée, d'après C. Vernet.
Belle épreuve,

785 — Le Jour de barbe d'un charbonnier, d'après C. Vernet.
Belle épreuve.

786 — La Marchande de cerises, d'après C. Vernet.
Belle épreuve.

787 — La Machande de coco, d'après C. Vernet.
Belle épreuve.

788 — La Marchande d'eau-de-vie, d'apès C. Vernet.
Belle épreuve.

789 — Le Marchand de peaux de lapins, d'après C. Vernet.
Belle épreuve.

790 — La Marchande de poisson, d'après C. Vernet.
Belle épreuve.

791 — La Marchande de saucisses, d'après C. Vernet.
Belle épreuve.

792 — Rempailleur de chaises, d'après C. Vernet.
Belle épreuve.

793 — La Toilette d'un clerc de procureur, d'après C. Vernet.
Belle épreuve.

794 — Estampes pour l'illustration du poëme Héro et Léandre. Suite de neuf pièces.
Très-belles épreuves.

795 — Portrait de Mgr le duc d'Orléans.
Superbe épreuve.

DEBUCOURT (P.-L.)

796 — Le Baiser à propos de bottes.
Belle épreuve.

797 — Le Bouquet d'une maman (1806.)
Belle épreuve.

798 — Le Café ambulant. — Le Marchand de galette.
Deux pièces.
Belles épreuves.

799 — Le Carnaval (1810.)
Belle épreuve.

800 — Le Chiffonnier, d'après C. Vernet.
Belle épreuve.

801 — Le Coiffeur.
Belle épreuve avant toutes lettres.

802 — La Coquette et ses Filles ou une Mère à la mode
(1803).
Belle épreuve.

803 — Le Coup de vent, d'après C. Vernet.
Belle épreuve.

804 — La Femme et le Mari ou les Époux à la mode
(1803).
Belle épreuve.

805 — La même Estampe.
Belle épreuve.

806 — Les Galants surannés ou les Petits papas à la mode
(1804).
Belle épreuve.

807 — Un Gourmand, (1805.) Pièce de forme ovale.
Très-belle épreuve, grande marge.

DÉBUCOURT (P.-L.)

808 — Un Usurier (1804). Pièce de forme ovale, faisant pendant à la précédente.

Très-belle épreuve, grande marge.

809 — Isabey et sa famille se promenant en bateau sur le lac d'Enghien.

Très-belle épreuve avant toutes lettres.

810 — L'Innocente du jour (1810).

Superbe épreuve avant toutes lettres, grande marge.

811 — La même estampe.

Très-belle épreuve.

812 — La jeune Femme (1807).

Très-belle épreuve.

813 — L'Orange ou le Moderne jugement de Pâris.

Très-belle épreuve.

814 — Les petits Messieurs ou les Adolescents à la mode (1804).

Belle épreuve.

815 — La même estampe. Gravée en contre-partie.

Belle épreuve avant la lettre.

816 — Le Printemps ou les Amants (1808).

Belle épreuve.

817 — Promenade au bois de Vincennes.

Très-belle épreuve.

818 — La Rose mal défendue.

Très-belle épreuve avec les noms tracés à la pointe, grande marge.

819 — Le Songe réalisé.

Belle épreuve.

DEBUCOURT (P.-L.)

820 — Le Tailleur.
Belle épreuve.

821 — Barrières de Bercy, — des Champs-Élysées, — de Charenton, — du Faubourg Saint-Martin, — de Fontainebleau. Cinq pièces dont trois imprimées en couleur.

DEBUCOURT (D'après)

822 — Humanité et bienfaisance du roi, gravé par Guyot (1787).
Belle épreuve.

823 — L'Instruction villageoise, par E. Glairon-Mondet.
Belle épreuve.

DELONGUEIL (D'après C.)

824 — Les Dons imprudents. — Le Retour à la vertu. Deux pièces faisant pendants.
Très-belles épreuves.

DEMARTEAU (G.)

825 — Le Chat chéri, d'après Boucher. Aux deux crayons.

826 — Le Dénicheur de moineaux. — Jeune Couple se tenant embrassé, d'après Boucher. Deux petites pièces ovales. Aux deux crayons.

827 — Les Grâces et l'Amour, d'après Boucher. Aux deux crayons.

DEMARTEAU (G.)

22

828 — Vénus et l'Amour, d'après Boucher. Aux deux crayons.

46

829 — Vénus et l'Amour. — Vénus assise, d'après Boucher. Deux pièces. Aux deux crayons.

41

830 — Mme Favart dans le rôle de Ninette à la cour, d'après Boucher. Aux deux crayons.

45

831 — La Leçon de flûte. — Naïades, d'après Boucher. Deux pièces à plusieurs crayons.
Très-belles épreuves.

42

831 *bis* — Les mêmes estampes.
Très-belles épreuves.

20

832 — Pastorales, d'après Boucher. Deux pièces. A plusieurs crayons.
Belles épreuves.

6

833 — Tête de jeune Femme, d'après Boucher. Aux trois crayons.

87

834 — Tête de jeune Fille, d'après Boucher. Aux trois crayous. Sur papier teinté vert.

835 — Grandes Pastorales, d'après Boucher.
Superbes épreuves.

49

836 — Allégorie à l'occasion du renouvellement de mariage de M. et de Mme Cuisy, 1764, d'après Boucher.
Très-belle épreuve.

12

837 — L'Autel de l'Amitié, d'après Boucher.
Très-belle épreuve.

95

838 — Les trois Bacchantes ivres, d'après Boucher.
Très-belle épreuve.

DEMARTEAU (G.)

839 — La même estampe.
Belle épreuve.

840 — Bergère endormie, d'après Boucher.
Très-belle épreuve.

841 — Deux Baigneuses et deux Amours qui jouent avec un cygne. — Jeunes Bergères au bain, d'après Boucher. Deux pièces.
Très-belles épreuves.

842 — L'Éducation de l'Amour, d'après Boucher.
Très-belle épreuve.

843 — Femme nue assise sur le bord d'un lit; elle tient des fleurs dans une draperie, d'après Boucher.
Très-belle épreuve.

844 — Femmes drapées supportant un globe, d'après Boucher.
Très-belle épreuve.

845 — Femme à demi vêtue couronnant le buste d'une autre femme, d'après Boucher.
Très-belle épreuve.

846 — Femme à demi vêtue, portant un plat de la main droite et de la main gauche un vase, d'après Boucher.
Belle épreuve.

847 — Jeune Femme surprise au bain, d'après Boucher.
Très-belle épreuve.

848 — Jeune Femme vue de dos, portant sur la tête une corbeille de fleurs, d'après Boucher.
Très-belle épreuve.

DEMARTEAU (G.)

849 — Jeune Femme portant une cruche de la main gauche et tenant une corbeille de la droite, d'après Boucher.
Belle épreuve.

850 — Jeune fille à l'oiseau, d'après Boucher.
Belle épreuve.

851 — Jeune Fille tenant un panier de fleurs de la main gauche, d'après Boucher.
Très-belle épreuve.

852 — Jeune Mère avec ses deux Enfants d'après Boucher.
Belle épreuve.

853 Jeune Mère avec ses trois enfants, d'après Boucher.
Belle épreuve.

854 — Les Laveuses, d'après Boucher.
Très-belle épreuve.

855 — Le Maraudeur. — Les OEufs cassés, d'après Boucher.
Belles épreuves.

856 — La Maraudeuse de fleurs, d'après Boucher.
Très-belle épreuve.

857 — La petite Lessive, d'après Boucher.
Belle épreuve.

858 — La Pipée, d'après Boucher.
Belle épreuve.

859 — La Poésie, d'après Boucher.
Très-belle épreuve.

860 — Le Sommeil d'Annette, d'après Boucher.
Très-belle épreuve.

DEMARTEAU (G.)

861 — Vénus et l'Amour, d'après Boucher.
Très-belle épreuve.

862 — Vénus appuyée sur une colonne, elle tient un cœur de la main gauche; d'après Boucher.
Très-belle épreuve avant toutes lettres et avant la feuille de vigne

863 — Vénus sur un lit de repos, la tête appuyée dans la main droite, d'après Boucher,
Belle épreuve.

864 — Vénus et les Amours, d'après Boucher.
Belle épreuve.

865 — Vénus et l'Amour couchés, d'après Boucher.
Très-belle épreuve.

866 — La même composition, gravée en contre-partie.
Belle épreuve tirée sur papier bleu.

867 — Études de Femmes, d'après Boucher.

868 — Têtes de Jeunes Filles. d'après Boucher et Le Prince. Deux pièces. Aux deux crayons.

869 — Amour et Baigneuse. — Bergères nues près d'une fontaine. Deux pièces ovales, d'après Huet.
Très-belles épreuves.

870 — Les mêmes estampes. Deux pièces.

871 — L'Oiseau envolé, d'après Huet.
Belle épreuve.

872 — Le Mouton chéri. — Le Plaisir innocent, d'après Huet. Deux pièces ovales. Aux trois crayons.
Belles épreuves

DEMARTEAU (G.)

873 — Le jeune Berger. — La jeune Bergère, d'après Huet. A plusieurs crayons.

Belles épreuves.

874 — Sujets d'Enfants, d'après Huet. Deux pièces. A plusieurs crayons.

875 — Hercule et Omphale, d'après Huet. Aux deux crayons.

Très-belle épreuve avant la lettre.

876 — Jupiter et Danaé, d'après Huet. Aux deux crayons.

Belle épreuve.

877 — Naïade sur un dauphin, d'après Huet. Aux deux crayons.

Belle épreuve.

878 — Têtes de jeunes Femmes, d'après Huet. Deux pièces.

Belles épreuves.

879 — Jeune Femme jouant de la harpe, d'après Huet.

Belle épreuve.

880 — Ruine de l'entrée du Colisée, près de Rome. — Ruine d'un palais de Néron, près de Rome, d'après Huet. Deux pièces.

Très-belles épreuves.

881 — Léda. — Érigone, d'après Boucher et Lebarbier. Deux pièces à plusieurs crayons.

882 — Bacchanales, d'après Lebarbier. Deux pièces de forme ronde.

Très-belles épreuves.

DEMARTEAU (G.)

883 — Jeune Femme assise travaillant à un métier à broder, d'après Carmontelle. Au crayon rouge.

Très-belle épreuve avant la lettre.

884 — La Justice protége les Arts d'après C.-N. Cochin. Au crayon rouge.

Belle épreuve, grande marge.

885 — Têtes de jeunes Femmes, d'après Watteau. Deux pièces. Aux deux crayons.

DESCOURTIS

886 — L'Ermite du colisée. — La Prière interrompue. — Intérieur d'un cloître de religieux. — Intérieur d'un cloître de religieuses; d'après H. Robert. Quatre pièces.

Très-belles épreuves.

887 — Vue du Port Saint-Paul. — Vue de la Porte Saint-Bernard, d'après de Machy. Deux pièces.

Belles épreuves.

DESCOURTIS et JANINET

888 — Vue des Environs de Rome, d'après de Machy, — Vestiges d'un Temple de la Grèce, d'après Panini. Quatre pièces.

Belles épreuves.

DESRAIS (D'après C.-H.)

889 — Promenade du boulevard Italien, ou petit Coblentz, par C. Voysard.

Épreuve coloriée.

FRAGONARD (Imitation de)

890 — L'Armoire. Petite pièce.
Belle épreuve.

FREUDEBERG (D'après C.-S.)

831 — Le Retour des champs, par Carré.
Belle épreuve.

GIOT (A Paris, chez)

892 — La Perruque enlevée.
Très-belle épreuve, grande marge.

GREUZE (D'après)

893 — Le Paralytique servi par ses enfants. A Paris,
chez Osterwald.
Belle épreuve.

GUYOT

894 — Adam et Ève, d'après Bonnieu. — Clémence de
Henri IV, d'après Delarive. Deux pièces.

HARRIET (D'après)

895 — Le Thé parisien ou le Suprême bon ton, au
XIXe siècle, par A. Godefroy. Pièce coloriée.
Très-belle épreuve avec marge.

896 — Kemble, célèbre acteur anglais, d'après une
miniature de Chennery. In-4°.
Superbe épreuve, grande marge.

HARRIET (D'après)

897 — Miss Siddons, célèbre tragédienne anglaise, d'après Lawrence. In-4°.

Superbe épreuve.

HUET (D'après J.-B.)

898 — L'Amant écouté. — L'Éventail cassé. Deux pièces gravées par Bonnet.

Superbes épreuves avant toutes lettres.

899 — Les Compliments du jour de l'An. —Les Présents du jour de l'An, par Bonnet. Deux pièces.

Très-belles épreuves.

900 — Le Déjeuner. — Le Goûter. — Le Souper, par Bonnet. Trois pièces.

Très-belles épreuves.

901 — L'Amour prie Vénus. — Vénus enflammée par l'Amour. Deux pièces.

Très-belles épreuves, grandes marges.

902 — L'Amour offrant des présents à Ariane. — Offrande présenté par l'Amour à la Fidélité, par Bonnet. Deux pièces.

Belles épreuves.

903 — La Balançoire. — Le Saut, par Bonnet. Deux pièces.

Très-belles épreuves.

904 — La Basse-cour, par Bonnet. — Le Repas des vendangeuses, par Léveillé. Deux pièces.

Belles épreuves.

HUET (D'après J.-B.)

905 — Les belles Vendangeuses. — Le Repas des vendangeuses, par Léveillé. Deux pièces.
Belles épreuves.

906 — La Bergère récompensée. — Le Départ de campagne, par Jubier. Deux pièces.
Belles épreuves.

907 — La Brouette. — La Conversation, par Bonnet. Deux
pièces.
Belles épreuves.

908 — Le Colin-Maillard. — La Main chaude, par
Bonnet. Deux pièces.
Très-belles épreuves.

909 — Le Concert des trois Grâces, par Bonnet.
Très-belle épreuve.

910 — Le Départ d'une foire. — Le Retour à la ferme,
par Jubier. Deux pièces.
Belles épreuves.

911 — Diane au bain, par Bonnet.
Très-belle épreuve.

912 — Le Goûter champêtre. — Le Marchand de poisson,
par Jubier. Deux pièces.
Belles épreuves.

913 — Jeux d'enfants, par Bonnet. Quatre pièces
Belles épreuves.

914 — Thétis écoute Protée, par Bonnet.
Très-belle épreuve.

HUET (D'après J.-B.)

915 — Le Triomphe d'Ariane, d'après Huet.
Belle épreuve.

916 — La Troupe ambulante des rues de Paris, par Bonnet.
Belle épreuve.

917 — L'Amour corrigé. — L'Amour curieux, par Léger et Léveillé. Deux pièces aux deux crayons.
Belles épreuves.

918 — La belle Toilette, par Bonnet.
Belle épreuve, marge.

919 — Eurydice courant sur l'herbe avec d'autres nymphes, par Bonnet.
Belle épreuve.

920 — Offrande à l'Espérance. — Offrande à l'Hymen, Deux pièces par Bonnet.
Belles épreuves.

921 — Études pour les demoiselles. Trois pièces, costumes de femmes.
Belles épreuves.

922 — Vénus et l'Amour. Deux petites compositions ovales, gravées par Duarwesse.
Belles épreuves.

923 — Offrande au dieu Pan, par Jubier.
Belle épreuve.

924 — Diane et Calisto. — Diane et Endymion, par Léveillé. Deux pièces ovales aux trois crayons.
Belles épreuves.

HUET (D'après J.-B.)

925 — Amours et Baigneuses. Pièce ovale par Léveillé;
Très-belle épreuve.

HUET ET CARÊME

926 — La Chute inattendue. — La Culbute imprévue,
par J. Morret. Deux pièces.
Belles épreuves.

ISABEY (D'après J.)

927 — Salle d'exhibition de J. Isabey à Londres, 61,
Pall Mall; 1820, par W. Bennett.
Très-belle épreuve.

JANINET

928 — L'Agréable négligé, d'après Beaudouin (E. B. 28).
Très-belle épreuve.

929 — L'Amour réndant hommage à sa mère, d'après
Boucher. Pièce ovale.
Superbe épreuve avant toutes lettres.

930 — La même estampe.
Très-belle épreuve,

931 — La Toilette de Vénus, d'après Boucher.
Superbe épreuve avant la lettre.

932 — L'Amour désarmé par Vénus, d'après Charlier.
Pièce ovale.
Très-belle épreuve.

JANINET

933 — Le Sommeil d'Ariane, d'après Charlier. Pièce ovale.

Très-belle épreuve.

934 — Vénus sur un lit de repos, d'après Charlier. Pièce ovale.

Très-belle épreuve.

935 — L'Amour. — La Folie. Deux pièces ovales, d'après Fragonard.

Très-belles épreuves, grandes marges.

936 — La Confiance enfantine. — La Crainte enfantine, d'après Freudeberg. Deux pièces faisant pendants.

Très-belles épreuves, marges.

937 — L'Oiseau privé, d'après Lagrenée.

Superbe épreuve avant toutes lettres, marge.

938 — Les trois Grâces, d'après Pellegrini.

Très-belle épreuve avant la lettre et avant la guirlande de fleurs.

939 — Nina, d'après Hoin. (C'est le portrait de Mme de Saint-Aubin dans le rôle de Nina ou la Folle par amour.)

Superbe épreuve avant toutes lettres.. Très-rare.

940 — Les Comédiens comiques. — Le Rendez-vous comique. Deux pièces d'après Watteau.

Très-belles épreuves.

941 — Les Sentiments de la nation. La reine Marie-Antoinette, tenant dans ses bras le Dauphin, est assise en face du buste de Louis XVI. Composition entourée d'une guirlande de fleurs, roses et lys, ayant forme de cœur.

Très-jolie pièce, d'après Huet. Superbe épreuve.

JANINET

942 — Quatre petits sujets de forme ronde, imprimés sur la même feuille, costumes et intérieurs Louis XVI.
Très-belle épreuve avant la lettre.

943 — L'Amour couronné. — Comédiens. Trois petites pièces.

944 — Restes du palais du pape Jules, d'après H. Robert. — Petites Vues de Grèce. Cinq pièces.

945 — Compositions d'après Ostade. Cinq pièces.
Belles épreuves.

JAZET

946 — La Promenade du Jardin-Turc, d'après J.-J. de B.
Très-belle épreuve.

947 — Bivouac de Cosaques aux Champs-Élysées, à Paris, le 31 mars 1814.
Belle épreuve.

LAVREINCE (D'après NICOLAS)

948 — L'Accident imprévu, par Darcis (E. B. 1).
Belle épreuve, grande marge.

949 — Ah! laisse-moi donc voir, par Janinet (E. B. 2).
Très-belle épreuve.

950 — Les Apprêts du ballet, par Tresca (E. B. 4).
Superbe épreuve, avec marge.

LAVREINCE (D'après NICOLAS)

931 — L'Aveu difficile, par Janinet (E. B. 8).
Superbe épreuve avant la lettre. Marge.

952 — La même estampe.
Très-belle épreuve.

953 — Le Bosquet d'amour, par Chapuy (E. B. 11).
Très-belle épreuve du premier état avec le titre : *Les trois Sœurs au parc de Saint-Clou.*

954 — La même estampe.
Belle épreuve avec le titre changé.

955 — La Comparaison, par Janinet (E. B. 12).
Très-belle épreuve.

956 — Le Déjeuner anglais, par Vidal (E. B. 17).
Belle épreuve.

957 — Ah! le joli petit chien! par Janinet (E. B. 27).
Superbe épreuve du premier état.

958 — L'Indiscrétion, par Janinet (E. B. 30).
Très-belle épreuve.

959 — Jamais d'accord, par Denaryle (E. B. 32).
Très-belle épreuve.

960 — Le petit Conseil, par Janinet (E. B. 48).
Superbe épreuve avec grande marge.

961 — La Promenade au bois de Vincennes, par Chapuy (E. B. 50).
Très-belle épreuve du premier état, avant que le titre ait été changé.

LE CŒUR

962 — Le Colin-maillard (E. B. 1, des pièces attribuées)

Très-belle épreuve avant toutes lettres.

963 — Bal de la Bastille, d'après Swebach des Fontaines. Pièce curieuse pour les costumes.

Superbe épreuve. Très-rare.

964 — Serment fédératif du 14 juillet 1790, d'après Swebach des Fontaines.

Superbe épreuve. Très-rare.

965 — Néant à la requête.

Très-belle épreuve. Rare.

966 — Les nouveaux Époux.

Très-belle épreuve. Rare.

967 — La Vieillesse d'Annette et Lubin, d'après Swebach des Fontaines.

Très-belle épreuve.

LE GRAND (A.)

968 — Le Bonjour. — La Pénitence. — La Prière. — La Récompense. — La Récréation, d'après Miss Julia Couyers. Cinq pièces.

LÉON (J.)

969 — Marie-Thérèse-Charlotte, princesse royale de France, d'après Ch. Caspar. In-fol.

Très-belle épreuve. Rare.

LE SUEUR (L.)

970 — Vue du Moulin de Motteville, d'après Mlle de Vintimille.

> Belle épreuve.

LE VACHEZ (Ch.-F.-G.)

971 — La Danse des chiens, d'après C. Vernet. Grande pièce.

> Superbe épreuve.

972 — Cambacérès, second Consul de la république française. Dans un cartouche, la scène où Barthélemy, président du Sénat, présente au premier consul l'acte constitutif qui fixe le consulat à vie.

> Superbe épreuve, grande marge.

973 — Joséphine Tascher de La Pagerie, Impératrice des Français. In-f°.

> Très-belle épreuve.

MACHY

974 — Déclaration des droits de l'homme.

> Belle épreuve.

MACRET (C.)

975 — *Louis XVI*, roi de France. — *Marie-Antoinette*, reine de France, d'après Mme Lebrun. Deux pièces in-f°, de forme ovale.

> Très-belles épreuves.

MARIAGE

976 — Sophocle devant les magistrats d'Athènes. — Cornélie, mère des Graques, d'après E. Garnier. Deux pièces.

MARIN (L.)

977 — La petite Laitière. — Dame prenant une tasse de café. Deux pièces faisant pendants.
Très-belles épreuves.

978 — Buste de jeune fille, d'après Leclerc.
Belle épreuve.

MARTIN (D'après (J.-B.)

979 — *The Wife of bath.* — *January and May.* Deux pièces ovales faisant pendants.
Belles épreuves.

MARTINET (A Paris, chez)

980 — Qui se ressemble s'assemble. Pièce coloriée.

MICHEL (J.-B.)

981 — *Peasants with fruit aud flowers*, d'après W. Péters.
Belle épreuve.

MIXELLE (D.)

982 — Le Désir amoureux, d'après Beaudouin (E. B. 19).
Très-belle épreuve.

MORRET (J.-B.)

983 — Le Café des patriotes, d'après Swebach des Fontaines.

Très-belle épreuve du premier état avec le titre en une seule ligne et avec l'adresse de Morret. Les deux gardes nationaux à gauche et celui du milieu ont de grands bonnets à poils. Elle a toute sa marge.

984 — La même estampe.

Très-belle épreuve du second état, avec six lignes d'inscription au-dessous du titre, les bonnets des trois gardes nationaux ont été changés.

985 — La Diseuse de bonne aventure, d'après Pasquier.
Belle épreuve.

986 — L'Escamoteur, d'après Pasquier.
Belle épreuve.

987 — La Faiseuse de galette. — Les Flamands en belle humeur, d'après J. Aufwach. Deux pièces.
Belles épreuves.

MOUCHET (D'après F.)

988 — Les Chagrins de l'enfance, par Lecœur.
Très-belle épreuve.

989 — L'Illusion, par R...
Très-belle épreuve avant toutes les lettres.

NOEL (A Paris, chez)

990 — Le Poisson des dames. — Le bon Poisson. Deux pièces coloriées.

OSTERVALD (A Paris, chez)

991 — Une Heure avant le concert ou les Musiciens à table. — Une Heure de retard pour le concert ou les Musiciens en route par une averse. Deux pièces coloriées.

Belles épreuves.

PAROY (Le Comte de)

992 — La Caverne de voleurs.

Très-belle épreuve avant toutes lettres.

PATTON (F.)

993 — Taste à la mode, 1745, d'après Boitard. Pièce coloriée.

REGNAULT

994 — Le Lever.

Superbe épreuve avant toutes lettres, grande marge.

RÉVOLUTION (Pièces sur la)

995 — Allons, enfants de la Patrie, le jour de gloire est arrivé. Petite pièce ronde représentant une jeune fille tenant une couronne.

Très-belle épreuve. Rare.

996 — L'Égalité. — La Liberté. Deux petites pièces rondes.

Très-belles épreuves. Rares.

997 — Unité et Indivisibilité de la République. Deux petites pièces rondes imprimées sur la même feuille. Rares.

RÉVOLUTION (Pièces sur la)

998 — Madame Sans-Culotte.

Belle épreuve. Rare.

999 — Danse autour de l'arbre de la liberté. — Deuxième conciliabule en l'église Notre-Dame. Deux pièces coloriées.

RIDÉ

1000 — La Madeleine, d'après Le Brun.

Belle épreuve.

RUBENS (D'après)

1001 — La Galerie du Luxembourg, gravée par Benoist, Disart, etc. Quinze pièces.

SAINT-AUBIN (D'après Aug. de)

1002 — La Fleuriste. — La Savonneuse, par Sergent. Deux pièces.

Très-belles épreuves avant toutes lettres.

1003 — La Sollicitude maternelle, par Sergent.

Belle épreuve.

1004 — *The first come best served* (Le Premier arrivé est le mieux servi). — *The Place to te first occupier* (La Place est au premier occupant). Deux pièces, gravées par Sergent.

Très-belles épreuves avec marges. Très-rares.

1004 *bis*. — Les mêmes estampes.

Épreuves au trait.

SERGENT (A,)

1005 — *The Magnetism* (Le Magnétisme). — *The Day's folly* (La Folie du jour). Deux petites pièces rondes faisant pendants.

Très-belles épreuves avec marges. Rares.

1006 — Marie-Thérèse Charlotte de France, fille de Louis XVI. In-folio.

Superbe épreuve, d'un portrait très-rare, gravé lors du passage de cette princesse à Bale, en 1795.

SERGENT (A.)

1007 — *Necker*, ministre du commerce, d'après Duplessis. In-4°.

Superbe épreuve.

SEYDELMANN

1008 — Danaé, d'après Van Dyck.

Belle épreuve.

SMITH (J.-R.)

1009 — Promenade à Carlisle House, 1781.

Très-belle épreuve.

1010 — *A Lady at haymaking*, d'après Lawranson.

Belle épreuve.

1011 — Ce qui vous plaira.

Très-belle épreuve.

1012 — Une Femme mariée.

Très-belle épreuve.

1013 — Une Pucelle.

Très-belle épreuve.

STUBBS (Geo.-Townly)

1014 — Savoir vivre sans six sous. — Savoir vivre sans souci. 1783. Deux pièces imprimées en bistre.

TRESCA

1015 — Les Croyables au Pérou.

Très-belle épreuve, grande marge.

TAUNAY (D'après)

1016 — Foire de village. — Noces de village. — La Rixe. — Le Tambourin. Quatre pièces gravées par Descourtis.

VAN GORP (D'après)

1017 — Ah ! qu'il est joli ! par Malles.

Belle épreuve.

1018 — Le Déjeuner de Fanfan, par Malles.

Très-belle épreuve avant la lettre.

1019 — La Surprise. — La Ruse, par Honoré. Deux pièces faisant pendants.

Belles épreuves.

VAN LOO (D'après)

1020 — Le Couché à l'italienne, par J... Pièce imprimée au bistre.

Belle épreuve.

VERNET (D'après C.)

1021 — Ah ! s'il y voyait !... par Commarieux.
Belle épreuve.

1022 — La Veilleuse, par Schenker.
Très-belle épreuve.

VERNET (D'après H.)

1023 — Les Gastronomes en jouissance et sans argent.
Deux pièces gravées par Coqueret.
Belles épreuves.

VIDAL

1024 — La Cuisinière française. — Le Malin cuisinier,
d'après F. Gazard. Deux pièces ; la première est avant
la lettre.
Très-belles épreuves.

WILLE (D'après P.-A.)

1025 — Les Deux boutons. — Le Miroir consulté. Deux
pièces faisant pendants gravées par Vidal.
Très-belles épreuves.

1026 — La Noce de village. — Le Repas des moissonneurs.
Deux pièces faisant pendants, gravées par Janinet.
Très-belles épreuves avant toutes lettres. Rares en cet état.

1027 — Le Marchand ambulant. — Le Marchand de bouquets. — Le Marchand de chansons. — Le Marchand
de tisane. Quatre estampes faisant pendants, gravées
par Berthault.
Belles épreuves.

MARTINET (A Paris, chez)

1028 — Café des Aveugles. Pièce coloriée.

1029 — Les Musards de la rue du Coq. Pièce coloriée.

DIVERS

1030 — Un Concert de bossus. Pièce coloriée.

1031 — Les Russes à Paris. Pièce coloriée.

1032 — La Barque à Caron. Sujet politique imité d'après Michel-Ange. — Ah! ah! c'est l'histoire de France depuis le 21 janvier 1793 au 20 novembre 1815. Deux pièces coloriées.

1033 — Les Cinq sens. Pièces tirées du Musée grotesque. Cinq pièces coloriées.

1034 — Léopold II, empereur d'Autriche, et sa famille, recevant le roi de Sicile à Vienne. Pièce coloriée très-intéressante pour les costumes.

PORTRAITS

—

AUBER (M.)

1035 — *Marie-Josèphe de Saxe*, Dauphine de France, d'après de La Tour. In-folio.

Belle épreuve, marge.

ANONYME

1036 — *Anne d'Autriche*, *Louis XIV* et *Philippe de France*, d'Orléans. Dans le fond la bataille de Rocroy. Grand in-folio en largeur.

Très belle épreuve.

ANSELIN (J.-L.)

1037 — Madame la marquise de *Pompadour* (La belle Jardinière), d'après C. Vanloo. In-folio.

Superbe épreuve avant toutes lettres et de la plus grande fraîcheur, les noms des artistes tracés à la pointe, toute marge. Excessivement rare en aussi parfaite condition.

BALÉCHOU (J.)

1038 — La Sœur de Madame *Aved* tenant un rouet sur ses genoux, d'après Aved. In-folio.

Superbe épreuve avant la lettre. Très-rare.

BARY (H.)

1039 — Françoise-Louise de *La Baume Leblanc*, duchesse de *La Valière*.

Superbe épreuve, petite marge.

BEAUVARLET (J.-F.)

1040 — Madame la comtesse *Du Barry*, en costume de de chasse, d'après Drouais. In-folio.

Superbe épreuve avant la lettre, grande marge.

BOULANGER (L.)

1041 — La Révérende Mère Jeanne-Marie de Jésus, *Che-zard de Matel*, institutrice de l'Ordre et Congrégation du Verbe-Incarné, d'après Ph. de Champagne. In-fol.

Très-belle épreuve. Très-rare.

BROOKSHAW (R.)

† 1042 — Marie-Josèphe-Louise de Savoie, *comtesse de Pro-vence*, en buste, tenant une rose à la main, d'après Drouais, 1771. In-folio.

Très-belle épreuve avant la lettre.

BOIZOT (M.-L.-A.)

† 1043 — Louis-Stasnislas Xavier, *comte de Provence*, frère du Roi, 1776. — Marie-Josèphe-Louise de Savoie, sa femme, 1778, d'après L.-S. Boizot.

Deux pièces. Très-belles épreuves avec marges.

CARONI

1044 — *Henriette d'Angleterre.* — Mademoiselle de *Fon-tanges.* — Madame *de Maintenon.* — La comtesse *d'Olonne.*

Quatre pièces in-4, gravées d'après les émaux de Petitot. Très-belles épreuves avant toutes lettres.

CARS (L.)

1045 — *Marie*, princesse de *Pologne*, reine de France, d'après Vanloo. In-folio.

Superbe épreuve.

CATHELIN (L.-J.)

1046 — *Marie-Antoinette*, archiduchesse d'Autriche, Reine de France, d'après Fredou. In-folio.

Superbe épreuve avant toutes lettres. Très-rare.

1047 — Marie-Josèphe-Louise de Savoie, comtesse *de Pro-vence*, d'après Drouais.

Très-belle épreuve avant toutes lettres.

1048 — Marie-Thérèse de Savoie, comtesse *d'Artois*, d'après Drouais.

Très-belle épreuve avant toutes lettres et avant les armes.

1049 — Élisabeth-Philippine-Marie-Hélène *de France*, sœur de Louis XVI, d'après Ducreux.

Très-belle épreuve avant toutes lettres.

1050 — Charlotte-Geneviève-Louise d'*Eon* de Beaumont, d'après Ducreux. In-folio.

Très-belle épreuve avec marge. Rare.

CHEREAU (Fr.)

1051 — *Marie*, princesse de *Pologne*, reine de France et de Navarre, en pied, d'après Vanloo. In-folio.

Superbe épreuve, grande marge.

COUVAY (J.)

1052 — *Marie-Stuart*, reine d'Écosse, vue de face, à mi-corps, en grand costume. Dans le fond, la scène de son exécution. In-folio.

Belle épreuve, rare.

DARET (C.)

1053 — *Jeanne d'Arc* debout tenant un glaive à la main. In-folio.

Belle épreuve.

DAULLÉ (J.)

1054 — Catherine *Mignard*, comtesse de Feuquières, d'après P. Mignard. In-folio.

Très-belle épreuve, marge.

1055 — Mademoiselle *Pelissier*, de la Comédie française, d'après H. Drouais. In-folio.

Belle épreuve avec de grandes marges.

1056 — Marguerite de *Valois*, comtesse de *Caylus*, d'après H. Rigaud. In-folio.

Très-belle épreuve.

1057 — *Maris-Thérèse*, reine de Hongrie. In-4°.

Superbe épreuve à toute marge.

DELAFOSSE

1060 — *Léopold Mozart*, père de *Marianne Mozart*, virtuose âgée de onze ans, et de *J.-C. Wolfgang Mozart*, compositeur et maître de musique, âgé de sept ans, d'après L.-C. de Carmontelle. In-folio.

Très-belle épreuve. Rare.

DELFF. (G.)

1061 — *Henriette Marie*, reine d'Angleterre, d'après D. Mytens. In-folio.

Très-belle épreuve.

1062 — Louise de *Coligny*, princesse d'Orange, en costume de veuve, d'après Miereveltd. In-folio.

Superbe épreuve.

DESPLACES (L.)

1063 — Marguerite *Bécaille*, veuve de *Maximilien Titon*, d'après N. de Largillière. In-folio.

Superbe épreuve.

1064 — Mademoiselle *Duclos* (Marie-Anne de Châteauneuf) comédienne, d'après N. de Largillière. In-folio.

Très-belle épreuve, marge.

DREVET (P.)

1065 — Marie de *Laubespine*, femme de *Nicolas Lambert*, président en la Chambre des comptes, d'après N. de Largillière. In-folio.

Belle épreuve.

DREVET (P.)

1066 — *Marie*, souveraine de Neufchatel et Vallangin, *Duchesse de Nemours*, d'après H. Rigaud. In-folio.
Très-belle épreuve.

1067 — *Maria Serre*, mère de H. Rigaud. In-folio.
Belle épreuve.

DREVET (P.-P.)

1068 — Élisabeth-Charlotte, Palatine de Bavière, *Duchesse d'Orléans*, d'après H. Rigaud. In-8 oblong.
Superbe épreuve avant le texte au verso, marge.

1069 — Louise-Adélaïde *d'Orléans*, abbesse de Chelles, d'après Gobert. In-4.
Très-belle épreuve, marge.

1070 — Le même Portrait.
Très-belle épreuve avec marge.

DREVET (Claude)

1071 — Madame *Lebret*, en Cérès, d'après H. Rigaud. In-folio.
Belle épreuve.

DREVET et DUFLOS

1072 — Paule de *Gondy*, duchesse de Retz, douarière de Lesdiguières. Petit in-folio.
Belle épreuve.

DUFLOS (P.)

1073 — *Marie-Antoinette,* reine de France, d'après Madame Le Brun, en pied, en grand costume de cour.
Superbe épreuve, grande marge.

DUPIN fils

1074 — *Marie-Antoinette,* reine de France, d'après Vanloo. In-folio.
Superbe épreuve, grande marge.

1075 — *Marie-Thérèse,* princesse de Savoie, *comtesse d'Artois.* In-folio.
Très-belle épreuve.

DYCK (D'après ANTOINE Van)

1076 — Marie, princesse *d'Aremberg,* par P. Pontius. 1645. In-folio.
Très-belle épreuve avec l'adresse de J. Meyssens.

1077 — Marie-Marguerite de *Barlemont,* comtesse d'Egmont, par J. Neefs. In-folio.
Très-belle épreuve avec l'adresse de J. Meyssens.

1078 — Élisabeth *Harwey,* par W. Hollar. 1646. In-folio
Superbe épreuve. Rare.

1079 — Marguerite *Lemon,* par W. Hollar. 1646. In-folio.
Superbe épreuve. Rare.

1080 — Ernestine, princesse *de Ligne,* comtesse de Nassau, par M. Natalis. In-folio.
Très-belle épreuve avec l'adresse de J. Meyssens,

DYCK (D'après ANTOINE Van)

1081 — *Élisabeth*, princesse palatine, fille du roi de Bohême, par L. Ferdinand. In-4.
Très-belle épreuve. Rare.

1082 — Élisabeth *Villiers*, duchesse de Lennox et Richmont, par W. Hollar. In-folio.
Superbe épreuve avec l'adresse de J. Meyssens, Marge.

ÉDELINCK (G.)

1083 — Françoise-Athénais de *Rochechouart*, marquise de *Montespan* (R. D. 278). In-4.
Très-belle épreuve avec marge. Extrêmement rare.

FALCK (J.)

1084 — Anne-Marie *d'Orléans*, duchesse de *Montpensier*, d'après Justin d'Egmont. In-folio.
Très-belle épreuve. Rare.

FICQUET (E.)

1085 — Françoise *d'Aubigné*, marquise *de Maintenon*, d'après P. Mignard. In-8.
Très-belle épreuve tirée sur papier double, toute marge.

FLIPART (J.)

1086 — Madame *Favart*, d'après Cochin. In-8.
Très-belle épreuve.

GIFFART (P.)

1087 — Françoise d'*Aubigné*, marquise de *Maintenon*. In-folio.
Très-belle épreuve avec la signature de P. Mariette au verso.

HABERT (V.)

1088 — Diane-Françoise-Athénaïs de *Rochechouart*, marquise de *Montespan*. Grand in-folio.

Très-belle épreuve. Excessivement rare.

HONDIUS (H.)

1089 — Marie de *Médicis*, reine de France. In-folio.

Très-belle épreuve.

HUBER (J.-J.

1090 — Mademoiselle *d'Oligny*, de la Comédie française, d'après M. Vanloo. In-folio.

Superbe épreuve avant toutes lettres, les noms des artistes tracés à la pointe; toute marge. Très-rare à rencontrer en aussi belle condition.

INGOUF (P.-C.)

1091 — Madame la comtesse *d'Artois* et ses enfants, gravés d'après la boîte donnée par cette princesse à M. Busson, son premier médecin.

Très-belle épreuve, marge.

LARMESSIN (N. de)

1092 — Françoise-Louise de *La Baume Le Blanc*, duchesse de *La Vallière*, en grand costume dans un ovale ornementé. In-folio.

Très-belle épreuve. Rare.

1093 — Françoise-Athénaïs de *Rochechouart*, marquise de *Montespan*. In-4.

Belle épreuve, marge.

LARMESSIN (N. de).

1094 — *Marie*, princesse de *Pologne*, reine de France et de
Navarre, en pied, d'après Vanloo. In-folio.

Très-belle épreuve avant la retouche.

1095 — Catherine *Opalinska*, reine de Pologne, en pied,
d'après Vanloo. In-folio.

Très-belle épreuve.

LASNE (M.)

1096 — *Anne d'Autriche*, reine de France, d'après C. Champagne. In-folio.

Très-belle épreuve. Rare.

LE BEAU

1097 — Madame la comtesse *Du Barry*, d'après Marilly.
In-4.

Superbe épreuve, toute marge.

1098 — *Marie Leckzinska*, Reine de France, dans un médaillon ovale ornementé. Sur le socle, la vue de
l'abbaye de Saint-Denis. In-8.

Très-belle épreuve. Rare.

1099 — Louise-Marie-Thérèse Bathilde *d'Orléans*, duchesse
de *Bourbon*, d'après Le Noir. In-4.

Très-belle épreuve, toute marge.

LEMPEREUR

1100 — Marguerite *Le Comte*, des académies de peinture
et de belles-lettres de Rome, Boulogne, Florence,
d'après C.-H. Wattelet. In-4.

Superbe épreuve.

LÉPICIÉ

1101 — *Charlotte Desmares*, comédienne, in-folio.
Très-belle épreuve.

LOUYS (J.)

1102 — *Anne d'Autriche*, Reine de France d'après Rubens, in-folio.
Très-belle épreuve du 1er état avant le numéro.

MARCENAY DE GHUY (Ant. de)

1103 *Jeanne d'Arc*, in-8°.
Très-belle épreuve avant toutes lettres.

MASSON (A.)

1104 — *Anne d'Autriche*. Reine de France, d'après Mignard. (R. D. 11) grand in-folio.

1105 — *Marie de Lorraine*, duchesse de *Guise*, princesse de Joinville, d'après P. Mignard. (R. D. 32), in-folio.
Très-belle épreuve avant le lapin à la suite du mot *pinxit*.

MONTCORNET (B.)

1106 — Louise Angélique de *La Fayette*, religieuse de la visitation de Sainte Marie, in-4°.
Très-belle épreuve du premier état avant les armes dans les angles du haut. Toute marge. Rare.

1107 — Françoise d'*Orléans de Valois*, duchesse de Savoye. — *Christine* reine de Suède. — *Beatrix de Cuzance* par Daret. Trois pièces in-4°.
Belles épreuves.

MULLER (J.-G.)

1108 — Madame Louise Elisabeth *Vigée Lebrun*, d'après elle-même. In-folio.

Superbe épreuve avant toutes lettres, toute marge.

NANTEUIL (R.)

1109 — *Anne d'Autriche*, reine de France (R. D. 23). Grand in-folio.

Très-belle épreuve du 1er état.

1110 — *Christine*, reine de *Suède* d'après S. Bourdon. (R. D. 67), in-folio.

Très-belle épreuve.

1111 — *Lonise Marie de Gonzague*, reine de Pologne, d'après Juste (R. D. 161), in-folio.

Superbe épreuve.

1112 — Marie-Jeanne-Baptiste de *Savoie*, duchesse de *Nemours*, d'après Laurent du Jour (R. D. 169), in-folio.

Très-belle épreuve du 1er état, marge.

NATTIER (D'après)

1113 — Madame *Louise Elisabeth de France*, duchesse de Parme (La Terre). — Madame *Adélaïde de France* (L'air) : Madame *Marie-Louise-Thérèse-Victorine de France* (L'eau). Madame *Marie-Henriette de France* (Le feu).

Quatre pièces, gravées par Balechou, J. Beauvarlet, R. Gaillard et J. Tardieu. Très-belles épreuves à toute marge.

NATTIER (D'après)

1114 — Flore à son lever, par Maleuvre; in-folio.
> Très-belle épreuve.

1115 — Madame de de,.. en Hebé, par Hubert, in-folio.
> Très-belle épreuve avant la lettre.

1116 — Madame de... en Flore, par Voyez le jeune, in-folio.
> Très-belle épreuve.

1117 — La Belle source, par Melini, in-folio.
> Très-belle épreuve.

1118 — Madame *de Chateauroux* (La Force), par Balechou, in-folio en largeur.
> Très-belle épreuve, marge.

1119 — La Prudence, par Vidal, in-folio en largeur.
> Très-belle épreuve.

NICOLLET (B.)

1120 — Sophie *Lecoulteux Du Molay*, d'après N. Cochin, dans un médaillon ovale entouré des attributs de la musique. Petit in-folio.
> Superbe épreuve avant toutes lettres.

PASSE (Crispin de)

1121 — Catherine de *Bourbon*, sœur unique du roi Henri IV. 1598, in-8°.
> Superbe épreuve, toute marge.

PASSE (Crispin de)

1122 — Portrait de la grande Duchesse de Toscane, fille de Charles duc de Lorraine, in-4°.

Très-belle épreuve.

1123 — François *Ravaillac*. Vu à mi-corps, tenant un couteau à la main, ovale, in-4°.

Superbe épreuve, avec marge.

PETIT (G.)

1124 — Anne de *Meleun*, chanoinesse de Mons, in-8°.

Très-belle épreuve avant toute lettre. Rare.

PICART (Sth.)

1125 — Catherine de *Boiscon*, fille aînée du comte de Boiséon. 1667, in-4°.

Belle épreuve.

PITAU (Genre de)

1126 — La Duchesse *de La Vallière* jeune, in-4°.

Belle épreuve.

POILLY (N. de)

1127 — *Marie-Thérèse*, Infante d'Espagne, Reine de France et de Navarre, d'après Beaubrun. Grand in-folio.

Superbe épreuve avant la date 1668 après le mot *regis*. Très-rare.

1128 — Louise de *Prie*, femme de Philippe de la *Mothe-Houdancourt* maréchal de France, gouvernante des enfants de France, in-folio.

Très-belle épreuve. (L'inscription manuscrite, dans la marge du bas, est de la main du roi Louis-Philippe).

BRADEL (J.-B.)

1129 — Charlotte-Geneviève-Louise d'*Eon de Beaumont*, jeune, in-folio.

Très-belle épreuve, avec marge.

ROGER (B.)

1130 — Françoise-Marguerite de *Sévigné* comtesse de Grignan. d'après Mignard, in-8°.

Superbe épreuve avant la lettre, toute marge.

ROMANET (A.)

1131 — Pierre Louis *Du Bus de Préville*, Comédien français et pensionnaire du roi, in-folio.

Belle épreuve.

ROULLET (J.-L.)

1132 — Catherine *Touchelée*, femme d'Hilaire *Clément*, procureur au Parlement, d'après J. Cotelle in-folio.

Très-belle épreuve avant la lettre.

SAINT-AUBIN (Aug. de)

1133 — *Louise Emilie*, baronne de... *Adrienne Sophie*, marquise de...

Très-belles épreuves de ces deux charmants portraits.

1134 — Bustes de *Louis XVI*, *Marie-Antoinette* et du *Dauphin*, dans un médaillon. In-4°.

Superbe épreuve avant toutes lettres, grandes marges.

SAVRY (S.)

1135 — *Marie de Médicis*, Reine de France, assise sur le trône. Dans le fond, à gauche, la vue de la ville d'Amsterdam. Petit in-folio.

Très-belle épreuve.

SHUPPEN (P. Van)

1136 — Anne-Marie-Louise d'*Orléans* duchesse de *Montpensier*, d'après G. de Seve, in-folio.

Très-belle épreuve.

1137 — *Antoinette de la Garde*, veuve de M. G. de Lafont de Boisguerin, seigneur *Deshoulieres*, d'après E. S. Cheron. 1695, in-8°.

Très-belle épreuve.

1138 — La Mère *Angélique Arnauld*, abbesse de Port-Royal; d'après Philippe de Champagne, in-folio.

Très-belle épreuve.

1139 — Armande-Henriette de *Lorraine*, abbesse de Notre-Dame de Soissons; d'après Ant. Barthellemy in-4°.

Très-belle, épreuve avec marge.

1140 — La Bienheureuse *Marguerite de Lorraine*, fondatrice de plusieurs monastères des Filles de l'ordre de Sainte-Claire. 1660, in-4°.

Superbe épreuve. Rare.

SIMON (P.)

1141 — Anne-Marie-Louise d'*Orléans*, duchesse de *Montpensier*, grand in-folio.

Très-belle épreuve, petite marge.

SOMPEL (P. Van)

1142 — *Marie de Médicis* d'après A. Van Dyck, in-folio.
Très-belle épreuve du premier état, avant le numéro.

1143 — Marguerite *de Lorraine, duchesse d'Orléans*, d'après
Ant. Van Dyck.
Très-belle épreuve du premier état, avant le numéro.

1144 — Gaston, duc d'*Orléans*, d'après A. Van Dyck, in-
folio.
Très-belle épreuve du premier état, avant le numéro.

SUIDERHOEF (J.)

1145 — *Henriette Marie*, reine d'Angleterre, d'après A.
Van Dyck, in-folio.
Superbe épreuve avant le numéro.

SURUGUE (L.)

1146 — Madame de... en habit de bal (*Madame de Monchy*),
d'après Ch. Coypel, in-folio.
Très-belle épreuve.

TASSAERT

1147 — Marie-Anne, *Charlotte Corday*, d'après Hauer,
in-folio.
Superbe épreuve avant l'inscription sur la tablette. Rare.

TROUVAIN (A.)

1148 — Denise *Camusat*, femme de Pierre L. *Petit*, in-
folio.
Très-belle épreuve.

VALLÉE (S.)

1149 — Mademoiselle *Loyson*, sur un char, en forme de
coquille, traîné par des colombes ; d'après F. de Troy,
in-folio.
Très-belle épreuve.

VERMEULEN (C.)

1150 — Marie-Louise de *Tassis*, d'après Van Dyck, in-folio.
Superbe épreuve.

VILLENEUVE

1151 — La Panthère autrichienne. — Le Traître Louis XVI,
petit in-folio.
Deux pièces, très-rares, représentant les têtes de Louis XVI et de
la reine Marie-Antoinette, suspendues dans une lanterne. Très-belles
épreuves.

VISSHER (L.)

1152 — *Anne d'Autriche*, reine de France, d'après Vanloo,
in-folio.
Très-belle épreuve.

1153 — *Marie-Thérèse*, reine de France, d'après Vanloo,
in-folio.
Très-belle épreuve, toute marge.

WIERIX (J.)

1154 — Henriette de Balzac, marquise de Verneuil, in-
folio.
Très-belle épreuve avec l'adresse de H. Adolfz, petite marge.

1155 — Catherine de *Bourbon*. sœur du roi, in-folio.
Belle épreuve avec l'adresse de H. Hondius. Rare.

WIERIX (J.)

1156 — *Marie de Médicis*, reine de France; revêtue d'un riche costume, en buste, in-4.

> Très-belle épreuve. Très-rare.

WILLE (J.-G.)

1157 — Elisabeth de *Gouy*, femme de H. Rigaud, d'après H. Rigaud, in-folio.

> Très-belle épreuve avant toutes lettres. Dans la marge supérieure, au milieu, le mot *Will* écrit à rebours. Très-rare.

1158 — *Louis* Dauphin de France. — *Marie-Thérèse d'Espagne*, Dauphine de France, sa femme; d'après Klein deux pièces.

> Très-belles épreuves.

1159 — *Marie-Joseph de Saxe*, dauphine de France, d'après Klein, in-folio.

> Belle épreuve.

ESTAMPES ANCIENNES

BEHAM (Hans-Sebald)

1160 — La Mort se saisissant d'une femme nue et debout.
1546 (B. 150).

Superbe épreuve.

BOSSE (Abraham)

1161 — L'Enfant prodigue (G. D. 34-39). Suite complète
de six pièces.

Magnifiques épreuves, avec l'adresse de Le Blond, toutes marges

1162 — La Parabole du mauvais riche et de Lazare
(G. D. 40-42).

Deux pièces, très-belles épreuves avec l'adresse de Le Blond.

1163 — Les Vierges sages, et les Vierges folles (G. D. 43,
44, 46).

Trois pièces, très-belles épreuves avec l'adresse de Le Blond.

1164 — Les OEuvres de miséricorde (G. D. 50, 56). Suite
complète de sept pièces.

Très-belles épreuves, avec l'adresse de Le Blond, moins le numéro 56, qui est avec l'adresse effacée.

BOSSE (Abraham)

1165 — Les Cinq sens (G. D. 1071-1075). Suite complète de cinq pièces.

Très-belles épreuves, du premier état, avec l'adresse de Melchior Tavernier.

1166 — L'Enfance (G. D. 1078). — L'Adolescence (D. 1079) — La Virilité (G. D. 1080).

Trois pièces, très-belles épreuves avec l'adresse de Le Blond.

1167 — L'Air (G. D. 1094).

Très-belle épreuve. Rare.

1168 — Les Quatre éléments (G. D. 1090-1093). Suite complète de quatre pièces.

Belles épreuves, toutes marges.

1169 — Les noms, surnoms, qualités, armes et blasons des chevaliers de l'ordre du faint Esprit, créez par Louys le juste XIIIᵉ du nom, roy de France et de Navarre. (G. D. 1207-1210). Suite complète de quatre pièces.

Belles épreuves.

1170 — Cérémonie observée, au contract de mariage passé à Fontainebleau, en présence de leurs majestez, entre Vladislans IIII roi de Pologne ; et Louise Marie de Gonzague, princesse de Mantoue et de Nevers (G. D. 1223).

Très-belle épreuve.

1171 — La Joye de la France (G. D. 1226).

Très-belle épreuve.

1172 — La Fortune de la France (G. D. 1227).

Très-belle épreuve.

BOSSE (Abraham)

1173 — Les Forces de la France (G. D. 1228).
Très-belle épreuve, petite marge.

1174 — L'Infirmerie de l'hôpital de la Charité à Paris (G. D. 1266).
Superbe épreuve. Très-rare de cette qualité.

1175 — La Galerie du Palais (G. D. 1267).
Très-belle épreuve du premier état, avant les mots *demeurant sur le pont Notre-Dame au Pélican*, à la suite du nom de *Le Blond*. Très-rare.

1176 — L'Hôtel de Bourgogne (G. D. 1268).
Superbe épreuve. Très-rare.

1177 — Le Porteur d'eau (G. D. 1341).
Belle épreuve.

1178 — Le Contrat (G. D. 1364). La Mariée reconduite chez elle (D. 1375).
Deux pièces. Très-belles épreuves avec l'adresse de Le Blond.

1179 — La Mariée reconduite chez elle (G. D. 1375).
Très-belle épreuve avec l'adresse de Le Blond.

1180 — Le Mariage à la campagne (G. D. 1380-1382). Suite complète de trois pièces.
Très-belles épreuves du premier état avant que l'adresse de Le Blond ait été effacée.

1180 *bis* — Deux pièces de la même suite. (Numéros 1380-1381).
Très-belles épreuves du premier état.

1181 — Le Peintre, le Sculpteur, le Graveur et l'Imprimeur (G. D. 1384-1388). Suite complète de quatre pièces.
Belles épreuves.

BOSSE (ABRAHAM)

1182 — Le Maître et la Maîtresse d'école (G.D. 1389-1390).
Suite de deux pièces.
Belles épreuves avec l'adresse de Le Blond.

1183 — La Saignée (G. D. 1391).
Très-belle épreuve avec l'adresse de Le Blond.

1184 — Le Pâtissier (G. D. 1397).
Très-belle épreuve.

1185 — Les Femmes à table en l'absence de leurs maris (G. D. 1399).
Très-belle épreuve avec l'adresse de Le Blond.

1186 — Le Bal (G. D. 1400).
Très-belle épreuve. Rare.

BOTH (JEAN)

1187 — Le Chariot attelé de bœufs (B. 2).
Magnifique épreuve du premier état, avant le nom du maitre et avant le numéro. Excessivement rare.

BRY (THÉODORE de)

1188 — L'Age d'or, d'après A. Bloemaert.
Bonne épreuve, quelques piqûres de vers.

CALLOT (J.)

1189 — Son portrait, gravé par Abraham Bosse (G. D. 1234).
Très-belle épreuve.

1190 — Les Fantaisies (M. 868-881). Suite de quatorze pièces y compris le titre (manquent les nos 880-881).
Très-belles épreuves avant les numéros, petites marges.

CALLOT (J.)

1191 — Le Passage de la mer rouge (M. 1.

Superbe épreuve du premier état.

1192 — Le Massacre des Innocents, Ire planche, (M. 5).

Très-belle épreuve du premier état, marge.

1193 — La Petite passion (M. 19-30). Suite de douze pièces.

Très-belles épreuves du premier état, à l'exception du numéro 6 de la suite qui est du deuxième état, petites marges.

1194 — Les Mystères de la Passion (M. 31-36) treize compositions, six en ovale et sept en rond, et la vie de la Vierge, sept compositions ovales. Ensemble vingt sujets tirés sur quatre planches.

Superbes épreuves du premier état. Suite très-rare à trouver de cette qualité.

1195 — Le Nouveau Testament (M. 37-47). Suite de onze estampes, dont nous ne possédons que dix. (manque le titre).

Superbes épreuves du premier état.

1196 — La Parabole de l'Enfant prodigue (M. 53-63). Suite de onze pièces.

Très-belles épreuves du deuxième état, avant les numéros. Petites marges.

1197 — La vie la Sainte-Vierge. (M. 76-89). Suite de quatorze pièces, y compris le titre.

Très-belles épreuves du premier état, avant les numéros. Petites marges.

CALLOT (J.)

1198 — Le Martyre des apôtres. (M. 120-136). Suite de seize pièces.

Très-belles épreuves du premier état, avant les numéros. Petites marges.

1199 — Le Martyr de Saint-Sébastien (M. 137).

Belle épreuve du premier état. Grande marge.

1200 — La Tentation de Saint-Antoine (M. 139).

Superbe épreuve du troisième état avant la raie qui coupe le nuage à gauche, entre le bras et l'aile du démon. Petite marge.

1201 — Saint-Nicolas ou Saint-Séverin (M. 140).

Très-belle épreuve du deuxième état, avant l'adresse d'Israël Silvestre, marge.

1202 — Les Martyrs du Japon (M. 155).

Très-belle épreuve du premier état, petite marge.

1203 — Combat à la barrière. Planches surnuméraires.

Entrée de Monseigneur Henri de Lorraine, marquis de Moy (M. 490).

Superbe épreuve, du premier état.

Entrée de MM. de Couvonge et de Chalabre (M. 491).

Très-belle épreuve. Ces deux pièces sont très-rares.

1204 — Combat à la barrière (M. 492-592). Suite de onze pièces, y compris le titre. (Le bras armé, n° 502, manque.)

Très-belles épreuves, le titre, la seule pièce où il y ait des différences est du premier état.

1205 — Claude Deruet, peintre du duc de Lorraine (M. 505).

Très-belle épreuve du deuxième état.

CALLOT (J.)

1206 — Charles Delorme, médecin (M. 506).

Très-belle épreuve du deuxième état. Rare.

1207 — La Revue ou le Bataillon (M. 556).

Très-belle épreuve avec marge.

1208 — Les petites Misères de la guerre (M. 557-563). Suite de sept pièces, y compris le titre.

Très-belles épreuves.

1209 — Les grandes Misères de la guerre (M. 564-581). Suite de dix-huit pièces.

Superbes épreuves du deuxième état, avant que les mots *Israël excudit* aient été enlevés, grandes marges.

1210 — Les Exercices militaires (M. 582-594). Suite de treize pièces, y compris le titre.

Superbes épreuves du premier état, avant les numéros. Elles sont à toutes marges. Très-rares de cette qualité.

1211 — La Rencontre à l'épée. — La Rencontre au pistolet (M. 595-596).

Très-belles épreuves.

1212 — La Carrière ou la Rue Neuve de Nancy (M. 621).

Belle épreuve du premier état, avant l'adresse d'Israël Silvestre

1213 — Le Parterre ou Jardin de Nancy (M. 622).

Très-belle épreuve du premier état, avant l'adresse d'Israël Silvestre.

1214 — Le Jeu de boules ou la Foire de Gondreville (M. 623).

Très-belle épreuve du deuxième état.

1215 — Les deux Pantalons (M. 626).

Très-belle épreuve.

CALLOT (J.)

1216 — Les trois Pantalons (M. 627-629).

Superbes épreuves. Le Cassandre, premier état. Pour les deux autres pièces, il n'existe pas de différences.

1217 — Balli di Sfessania (M. 641-664). Suite de vingt-quatre pièces.

Magnifiques épreuves du premier état, parfaitement égales de tirage, avant les numéros et avec de petites marges. Très-rare à rencontrer de cette qualité.

1218 — Les Supplices (M. 665).

Magnifique épreuve du premier état. La tour du milieu, vers la gauche, et la petite statue de la Vierge, à l'angle de la rue du fond à droite, sont parfaitement distinctes. Très-rare de cette qualité.

1219 — Les Bohémiens (M. 667-670). Suite de quatre pièces.

Superbes épreuves tirées sur papier à la marque de Lorraine, les lointains se distinguent parfaitement. Rares.

1220 — La Noblesse (673-684). Suite de douze pièces.

Superbes épreuves du premier état, tirées sur papier de Lorraine, à deux sur la feuille, les fonds sont parfaitement distincts. D'une extrême rareté dans une condition aussi parfaite.

1221 — Les Gueux ou Mendiants (M. 685-709). Suite de vingt-cinq pièces.

Belles épreuves du deuxième état.

1222 — La petite Vue de Paris (M. 702).

Superbe épreuve du premier état, avant le fond qui représente la vue du Pont-Neuf, grande marge. Rare.

1223 — La même estampe.

Très-belle épreuve du deuxième état, avant que le nom d'Israël ait été effacé.

1224 — La petite Treille (M. 700).

Très-belle épreuve, marge.

CALLOT (J.)

1225 — Les deux grandes Vues de Paris (M. 713-714).
Magnifiques épreuves avec marges, avant le nom d'Israël Silvestre et avant que la marge du cuivre dans le bas ait été coupée. Excessivement rare dans une condition aussi parfaite.

1226 — La Chasse (M. 711).
Superbe épreuve du premier état. Les lointains sont très-apparents. Très-rare de cette qualité.

1227 — La Pandore (M. 729).
Très-belle épreuve du deuxième état. Rare.

DU JARDIN (KAREL)

1228 — Les quatre Chèvres (B. 13).
Très-belle épreuve avant le numéro.

1229 — L'Ane entre deux moutons (B. 32).
Superbe épreuve avant le numéro. Elle a une petite marge (collection Alféroff.)

1230 — Les Vaches, le Taureau et le Veau (B. 34).
Superbe épreuve avant le numéro.

DURER (ALBERT)

1231 — Adam et Ève (B. 1).
Très-belle épreuve tirée sur papier à la tête de bœuf. (collection Alféroff.)

1232 — La Vierge couronnée par deux anges (39).
Superbe épreuve, elle a une petite marge.

1233 — La Vierge au singe (42).
Superbe épreuve.

1234 — Saint Hubert (B. 57).
Superbe épreuve tirée sur papier à la haute couronne.

DURER (Albert)

1235 — Saint Jérôme dans sa cellule (60).

Superbe épreuve avec une marge supérieure et inférieure de 0,12. Très-rare à rencontrer de cette qualité (collection Durrazo).

1236 — L'Oisiveté (76).

Magnifique épreuve tirée sur papier à la tête de bœuf, elle a une petite marge.

1237 — Les Offres d'amour (B. 93). Superbe épreuve (collection de Ferrol).

1238 — Le Cheval de la Mort (B. 98). Magnifique épreuve; elle a petite marge (collection W. Koller.)

EDELINCK (G.)

1239 — La Sainte Famille, d'après Raphaël (R. D. 4).

Superbe épreuve avant les armes de l'abbé Colbert, qui postérieurement ont été placées au bas du milieu du sujet et qui ensuite ont été effacées; elle a une grande marge. Très-rare à rencontrer en aussi belle condition.

GELÉE (Claude), dit le LORRAIN

1240 — Le Bouvier (R. D. 8).

Superbe épreuve du deuxième état avant que l'oiseau vers le milieu de l'estampe, ait été couvert de travaux, elle a une petite marge (collections Simon et Alferoff.)

1241 — La Danse sous les arbres (R. D. 10).

Deuxième état, superbe épreuve.

1242 — Le Soleil couchant (R. D. 15).

Très-belle épreuve du quatrième état, avec le n° 11, mais avant le millésime 1634 dans la marge a gauche.

GELÉE (Claude), dit le **LORRAIN**

1243 — Le Troupeau en marche par un temps ora-
geux (18).

Superbe épreuve du deuxième état (le premier est à l'eau-forte
pure) avant les traits croisés de pointe que l'on voit au ciel, au milieu de l'estampe entre l'une des montagnes de la gauche et la grosse
tour ronde de la droite.

1244 — Le Campo-Vaccino (23).

Superbe épreuve avant la lettre, 4ᵐᵉ état (collections Dreux et
Galichon.

GOLTZIUS (Henri)

1245 — Les Chefs-d'œuvre. Suite de six estampes
(B. 150-20).

Magnifiques épreuves. Très-rares a trouver en aussi parfaite condition.

1245 *bis.* — Les mêmes estampes. Cinq pièces.

Belles épreuves.

1246 — La Vierge pleurant sur le corps de Jésus-Christ
(B. 41).

Superbe épreuve avec marge. (Collection Camberlyn.)

1247 — Mars et Vénus surpris en adultère (B. 139).

Superbe épreuve.

1248 — Françoise d'*Egmont* (B. 168).

Très-belle épreuve.

1249 — *Henri IV*, roi de France et de Navarre, ayant les
colliers des ordres de Saint-Michel et de Saint-Lazare.
(B. 173), in-fᵒ.

Très-belle épreuve avec l'adresse de Paul de la Houe biffée. Rare.

GOLTZIUS (Henri)

1250 — Le Fils de Thierry Frisius (B. 190). Pièce connue sous le titre du chien de Goltzius.

Épreuve de la plus grande beauté, en parfaite condition.

1251 — Nicolas de *La Faille*, célèbre commandant au siége d'Anvers, 1558 (B. 212). Cornelia Cappelen, sa femme (B. 213).

Deux pièces, superbes épreuves avec une petite marge (collection du comte de Fries.

LE CLERC (Sébastien)

1252 — Entrée d'Alexandre dans Babylone.

Très-belle épreuve, la tête d'Alexandre est vue de profil.

LEYDE (Lucas de)

1253 — Le Poëte Virgile suspendu dans un panier (B. 136).

Très-belle épreuve tirée sur papier au P. gothique (collection Marshall.)

MATHAM (J.)

1254 — Les quatre Saisons de l'année (B. 140-143). Suite de quatre estampes de forme ronde.

Superbes épreuves, marges.

1255 — Les sept Vertus, d'après H. Goltzius (B. 264-270). Suite de sept estampes.

Très-belles épreuves, marges.

MULLER (J.)

1256 — L'Histoire de la Création du monde, d'après Goltzius (B. 35-41). Suite de sept estampes.

Belles épreuves.

OSTADE (Adrien Van)

1257 — Le Fumeur à la fenêtre (F. 10).

Très-belle épreuve du deuxième état, avec les traits de burin échappés dans la marge, très-apparents.

1258 — Les Harangueurs (F. 19).

Très-belle épreuve avant divers travaux et avant le trait échappé sur le nez de l'homme placé au-dessus du lecteur.

1259 — La Grange (F. 23).

Superbe épreuve tirée avant de nombreux travaux, notamment les contre-tailles sur la partie ombrée de la poutre. Elle a une petite marge. (collection Soutzo.)

1260 — Les Pêcheurs (F. 26).

Très-belle épreuve tirée avant divers travaux au burin sur le premier plan et avant que la bordure ait été renforcée. Elle a une petite marge.

1261 — La Fileuse (F. 31).

Très-belle épreuve tirée avec le trait carré légèrement exprimé et avant un grand nombre de travaux, notamment les tailles diagonales, sous le ventre du cochon couché. Rare.

1262 — Le Peintre (F. 32).

Très-belle épreuve tirée avant les travaux additionnels, produisant l'effet de la manière noire. Elle a une grande marge.

1263 — Le Remouleur (F. 36).

Première et très-belle épreuve tirée avant que le trait carré ait été renforcé au burin et avant divers travaux à la pointe sèche; produisant l'effet de la manière noire dans les parties ombrées.

OSTADE (Adrien Van)

1264 — L'Homme conversant avec la femme (F. 37).

Très-belle épreuve avant que le trait carré ait été renforcé, mais avec le contour du mollet de la jambe droite de l'homme, celui du bord du chapeau et celui du manteau légèrement indiqués par une taille très-fine.

1265 — Les Musiciens ambulants (F. 38).

Très-rare et superbe épreuve avant que le trait carré, très-légèrement exprimé, ait été renforcé au burin.

1266 — Le Charcutier (F. 41).

Première et superbe épreuve à l'eau-forte pure, avec la bordure très-légèrement indiquée et le ciel non raccordé. Elle a une petite marge.

1267 — Le Charlatan (F. 43).

Première et superbe épreuve à l'eau forte pure, avant la bordure et les changements. Dans le fond à gauche, on voit un homme et un jeune garçon en marche, et au-delà une chaumière. (collection J. Bernard.)

1268 — Le Violon et le petit Vielleur (F. 45).

Superbe et très-rare épreuve avec la bordure renforcée, mais avant un grand nombre de travaux, notamment les contre-tailles diagonales sur l'homme assis devant la porte de la maison, et sur le terrain entre cet homme et le tonneau.

1269 — La Famille (F. 46).

Très-rare et superbe épreuve, à l'eau-forte pure. La bordure est fine et les degrés de l'escalier, au milieu du fond, sont presqu'entièrement blancs. (collections H. Dreux et Soutzo.)

1270 — La Fête sous la treille (F. 47).

Très-rare et superbe épreuve avant que le trait carré ait été renforcé au burin et avant un grand nombre de travaux, notamment les contre-tailles sur le pignon de la troisième maison, derrière la femme qui danse. (signée au verso, P. Mariette, 1668.)

1271 — La Fête sous le grand arbre (F. 48).

Première et superbe épreuve avant que les traits diagonaux, au-dessus de l'arbre, devant le clocher, aient été effacés. (collection Soutzo.)

OSTADE (Adrien Van)

1272 — La Danse au cabaret (F. 49).

Très-belle épreuve avant le travail très-serré, à la pointe sèche, produisant l'effet de la manière noire, et avant que l'angle du haut à droite ait été terminé.

1273 — Le Goûter (F. 50).

Très-rare et superbe épreuve tirée avant beaucoup de travaux, notamment sur le bonnet de la petite fille, le coussin de la chaise de l'homme qui tient un verre à la main et qui est debout. La bordure est fine. (collections Arozarena et Soutzo.)

REMBRANDT (Van Rhyn)

1274 — Portrait de Rembrandt aux trois moustaches (B. 2. Cl. 2).

Superbe épreuve.

1275 — Rembrandt et sa femme (B. 19. Cl. 19).

Très-belle épreuve, elle a une une petite marge.

1276 — Portrait de Rembrandt au bonnet orné d'une plume (B. 20. Cl. 20).

Très-belle épreuve. (collection H. Dreux.)

1277 — Rembrandt appuyé (B. 21. Cl. 21).

Superbe épreuve du deuxième état. (collection Alferoff.)

1278 — Portrait de Rembrandt en ovale (B. 23. Cl. 23).

Superbe épreuve du troisième état. (collections Graves.)

1279 — L'Annonciation aux Bergers (B. 44. Cl. 49).

Magnifique épreuve. Très-rare de cette qualité. (collection H. Dreux.)

1280 — Retour d'Égypte (B. 60. Cl. 64).

Superbe épreuve. (collection Graves.)

REMBRANDT (Van, Henri)

1281 — Jésus-Christ prêchant ou la petite Tombe (B. 67. Cl. 71).

Superbe épreuve du premier état avant que les travaux à la pointe sèche aient été ébarbées ; l'homme coiffé d'un turban, debout sur le devant à gauche, a le vêtement et le bras droit fort poussés au noir. (collection Gawet.)

1282 — La grande Descente de Croix (B. 81. Cl. 83).

Superbe épreuve du troisième état, avec l'adresse d'Hendrikus Ulenburgensis.

1283 — La Médée, ou le Mariage de Jason et de Creuse (B. 112. Cl. 114).

Superbe épreuve du premier état ; sur papier du Japon ; avant la nom de Rembrandt et les quatre vers hollandais dans la marge du bas. Très-rare. (collection H. Weber et W. Koller).

1284 — Les Musiciens ambulants (B. 119. Cl. 121).

Très-belle épreuve du premier état.

1285 — Le Vendeur de mort aux rats (B. 121. Cl. 123).

Superbe épreuve du deuxième état.

1286 — Vue ancienne d'Amsterdam (B. 110. Cl. 207).

Superbe épreuve avec une petite marge. (collection H. Dreux.)

1287 — Le Paysage aux trois arbres (B. 217. Cl. 209).

Superbe épreuve. (collection G. Walker d'Édinbourg.)

1288 — La Chaumière et la Grange à foin (B. 222. Cl. 222).

Épreuve de la plus grande beauté et de la plus parfaite condition. Excessivement rare à trouver de cette qualité.

1289 — L'Obélisque (B. 227. Cl. 224).

Superbe épreuve avec une petite marge. (collection Gawet, Bohm, Alféroff et H. Dreux.

1290 — Le Paysage au bateau (B. 236. Cl. 233).

Superbe épreuve, elle a une petite marge.

REMBRANDT (Van HENRI)

1291 — Paysage à la vache qui s'abreuve (B. 237. Cl. 234).

Superbe épreuve avec les traces de pierre ponce, sur le ciel, très-apparentes, elle a une petite marge.

1292 — Le Docteur Faustus (B. 270. Cl. 267).

Superbe épreuve avant plusieurs travaux, notamment les troisièmes tailles sur le livre que l'on voit à droite. Marge. (collection Alféroff.)

1293 — Portrait d'Abraham Franee (B. 273. Cl. 270).

Magnifique épreuve du troisième état tirée sur papier du Japon; Elle est avant que l'ombre portée qui est au-dessous du tableau ait été effacée; le chapeau placé sur le banc qui est derrière le fauteuil, est à peine visible. (collection de Mecklenburg.)

1194 — Portrait de Jean Lutma (B. 276. Cl. 273).

Très-belle épreuve du deuxième état, elle a une petite marge. (collection W. Koller.)

1295 — Portrait d'Ephraïm Bonus, dit le Juif à la rampe (B. 278. Cl. 275).

Superbe épreuve, la marge inférieure de la planche est un peu coupée.

1296 — Vieille Femme assise (B. 343. Cl. 333).

Superbe épreuve, elle a une petite marge. (collection Alféroff.)

RAGOT

1297 — Les Cinq sens, d'après G. Huret. Suite de cinq pièces. Costumes de femmes, époque Louis XIII.

Superbes épreuves.

ROUSSELET

1298 — Les sept Arts libéraux, d'après G. Huret. Suite de
sept pièces.
Très-belles épreuves.

SAENREDAM (J.)

1299 — L'Histoire d'Adam (B. 13-18). Suite de six estampes, d'après A. Bloemaert.
Très-belles épreuves avec une petite marge.

1300 — Vénus se reposant sur un lit, tandis que l'Amour
remplit de flèches son carquois, d'après H. Goltzius
(B. 51).
Très-belle épreuve avant l'adresse J.-C. Vischer.

1301 — Six nymphes de la suite de Diane, représentées
deux à deux dans des paysages (B. 59-61). Suite de
trois estampes, d'après H. Goltzius.
Très-belles épreuves.

1302 — Les Trois déesses : Pallas, Vénus et Junon, représentées à mi-corps, chacune avec les attributs
qui les caractérisent (B. 56-58). Suite de trois estampes, d'après H. Goltzius.
Superbes épreuves.

1303 — Les mêmes estampes.
Belles épreuves.

1304 — Vénus assise sur un lit entre Bacchus et Cérès,
d'après H. Goltzius (B. 69).
Superbe épreuve.

1305 — La même estampe.
Très-belle épreuve.

SAENREDAM (J.)

1306 — Des buveurs demandant à Bacchus, la continuation de ses dons, d'après H. Goltzius (B. 72).

Superbe épreuve.

1307 — Des amants et leurs maîtresses implorant l'assistance de Vénus, d'après H. Goltzius (B. 71).

Superbe épreuve.

1308 — Les Divinités des sept planètes, par d'après H. Goltzius (B. 73-79). Suite de sept estampes.

Belles épreuves.

1309 — Les Trois sortes de mariages (B. 84-86). Suite de trois estampes, d'après H. Goltzius.

Très-belles épreuves.

1310 — Les Quatre parties du jour (B. 91-94). Suite de quatre estampes, d'après H. Goltzius.

Superbes épreuves.

1311 — Les Cinq sens, représentés d'une manière symbolique par des femmes vues à mi-corps (B. 95-99). Suite de cinq estampes, d'après H. Goltzius.

Superbes épreuves.

1312 — Un peintre peignant d'après nature, une femme nue se regardant dans un miroir que soutient l'Amour, d'après H. Goltzius (B. 100),

Trés-belle épreuve avec une petite marge.

WATERLOO (Antoine)

1313 — Le Départ d'Agar (B. 131).

Superbe épreuve tirée sur papier à la folie, elle a une petite marge.

1314 — Le Jeune Tobie et l'Ange (B. 136).

Superbe épreuve tirée sur papier à la folie, elle a une petite marge. (Collections Camberlyn et H. Dreux.)

ESTAMPES MODERNES

AUDOUIN (P.)

1315 -- Vénus blessée, d'après Raphaël.

Superbe épreuve avant la lettre.

1316 — L'Amour désarmé, d'après le Corrége.

Très-belle épreuve avant la lettre.

1317 — Jupiter et Antiope, d'après le Corrége.

Superbe épreuve avant la lettre ; les noms des artistes tracés à la pointe.

BEAUVARLET (J.)

1318 — Les Couseuses, d'après le Guide.

Superbe épreuve avant toutes lettres.

1318 *bis* — La même estampe.

Belle épreuve.

1319 — Télémaque dans l'île de Calypso. — Les Chevaliers Danois séduits par les Nymphes d'Armide. Deux pièces, d'après Raoux.

Superbes épreuves avant toutes lettres.

BERVIC (Ch.-Cl.)

1320 — L'Innocence, d'après Mérimée.

Très-belle épreuve avant la lettre, grande marge.

BERTINOT (G.) et **HUOT** (A.)

1321 — Pénélope et Phryné, d'après C. Marchal. Deux pièces faisant pendants.

Très-belles épreuves avant la lettre.

BOISSIEU (J.-J. de)

1322 — Portrait du Maître tenant à la main un dessin (R. 1).

Superbe épreuve, avant que le portrait de la femme, sur le dessin, ait été remplacé par un paysage.

1323 — La Leçon de botanique (R. 20).

Superbe épreuve, avant le trait carré renforcé, avant que la morsure de l'étau ait été effacée et avant les tailles diagonales sur un des peupliers à gauche du fond. Elle est tirée sur papier de Chine.

1324 — Fête champêtre (R. 21).

Superbe épreuve du premier état, avant l'astérisque, à la suite de la date. Rare.

1325 — La même estampe.

Belle épreuve avec l'astérisque.

1326 — Les Petits charlatans (R. 22).

Superbe épreuve du premier état, avant l'astérisque, à la suite de l'année 1773.

1327 — Vue d'Aquapendente, sur la route de Sienne à Rome (R. 33).

Très-belle épreuve.

1328 — Vue du Sépulcre de Cecilia Metella, à Capo di Bove (R. 35).

Très-belle épreuve du premier état, avec le titre, les armes et la dédicace à M. le duc de La Rochefoucauld, et avant que le bas de la marge intérieure ait été nettoyée.

BOISSIEU (J.-J. de)

1329 — Vue du Château de Madrid (R. 44).

Très-belle épreuve avant l'adresse d'Artaria, elle est tirée sur papier de soie.

1330 — Paysage (R. 64).

Très-belle épreuve.

1331 — Entrée d'une forêt (R. 71).

Très-belle épreuve.

1332 — Entrée de forêt (R. 72).

Très-belle épreuve, avant l'astérisque, après les initiales du maître.

1333 — La même estampe.

Belle épreuve, avec l'astérisque.

1334 — Pays coupé par une rivière (R. 76).

Très-belle épreuve.

1335 — Les petites laveuses (R. 82).

Très-belle épreuve avant que la morsure de l'étau au bas de la gauche ait été effacée.

1336 — Les Grands charlatans (R. 140).

Superbe épreuve avec les deux lignes d'inscription, mais avant l'astérisque après les initiales du maître.

DESNOYERS (Baron Auguste-Boucher)

1337 — La Vierge de la maison d'Albe, d'après Raphaël.

Magnifique épreuve, avant la lettre (lettres tracées). Elle est signée du graveur et a toute sa marge.

1338 — La Vierge au Donataire, dite de Foligno, d'après Raphaël.

Superbe épreuve, avant la lettre (lettres tracées). Elle est signée du graveur.

DESNOYERS (Baron AUGUSTE-BOUCHER)

1339 — La Vierge au linge, d'après Raphaël.

Superbe épreuve, avant la lettre (lettres tracées). Elle porte la signature du graveur et a toute sa marge.

1340 — La Vierge au poisson, d'après Raphaël.

Magnifique épreuve, avant la lettre (lettres tracées). Elle a toute sa marge.

1341 — La Vierge aux rochers, d'après L. de Vinci.

Très-rare et superbe épreuve, avant toutes lettres; seulement les noms des artistes.

1342 — Sainte Catherine d'Alexandrie, d'après Raphaël.

Très-belle épreuve, avant [la lettre (lettre tracées), elle a toute sa marge.

DE LONGUEIL

1343 — Le Cabaret flamand. — Halte flamande. Deux pièces, d'après J. Ostade.

Belles épreuves. La première est avant toutes lettres.

EARLOM (R.)

1344 — Les fleurs et les fruits, d'après V. Huysum.

Magnifiques épreuves, avant la lettre et avant les légendes ajoutées dans les banderolles au bas des armes. Elles ont une petite marge et sont de la plus grande fraîcheur.

1345 — Les Quatre marchés. Suite de quatre estampes, d'après F. Sneyders.

Magnifiques épreuves, avant la lettre, elles ont de la marge. Très-rare à rencontrer en aussi belle condition.

FORSTER (FR.)

1346 — La Vierge aux Bas-reliefs, d'après L. de Vinci.

Superbe épreuve, avant la lettre (n° 94). Toute marge.

FORSTER (Fr.)

1347 — La Vierge de la maison d'Orléans, d'après Raphaël.

Superbe épreuve, avant toutes lettres et avant la bordure. Au milieu de la marge du bas, le nom du graveur tracé à la pointe. Toute marge.

1348 — La Vierge à la légende, d'après Raphaël.

Magnifique épreuve, avant toutes lettres et avant la bordure ; au milieu de la marge du bas le nom du graveur, tracé à la pointe. Elle est à toute marge et sur papier de chine.

GARAVAGLIA (G.)

1349 — La Vierge à la chaise, d'après Raphaël.

Magnifique épreuve avant la lettre ; seulement les armes et les noms d'auteurs.

JACQUES (Ch.)

1350 — La Bergerie.

Superbe épreuve, avant toutes lettres, tirée sur papier de Chine.

LEMPEREUR (L.)

1351 — L'Attente du plaisir, d'après An. Carrache.

Très-belle épreuve, avant la dédicace.

1351 *bis* — La même estampe.

Belle épreuve, avec la lettre.

1352 — Le Jardin d'amour, d'après P. P. Rubens.

Très-belle épreuve, petite marge.

LEROUX (J.-M.)

1353 — Léda, d'après L. de Vinci.

Très-belle épreuve avant toutes lettres.

11

LORICHON (C.)

1354 — La Vierge de Bridgewater, d'après Raphaël.
Superbe épreuve avant toutes lettres, les noms des artistes tracés
à la pointe; grande marge.

LOUIS (A.)

1355 — L'Innoncence, d'après Greuze.
Superbe épreuve, avant toutes lettres ; au milieu, dans la marge
du bas, les noms des auteurs tracès à la pointe. Elle est sur papier
de Chine et a toute sa marge.

MASSARD (R.-U.)

1356 — Sainte Cécile, d'après Raphaël.
Superbe épreuve avant toutes lettres, les noms des artistes tracés
à la pointe.

MULLER (J.-G.)

1357 — Sainte Cécile, d'après le Dominiquin.
Très-belle épreuve avant toutes lettres.

1358 — Loth et ses filles, d'après G. Honthorst.
Superbe épreuve avant toutes lettres.

MORGHEN (Raphael)

1359 — La Vierge au Chardonneret, d'après Raphaël.
Superbe épreuve, avant la lettre (lettres tracées). Marge.

1360 — La Vierge vue à mi-corps , dans un paysage,
tenant l'enfant Jésus couché dans ses bras, d'après
le Titien.
Très-belle épreuve avant la lettre (lettres tracées). Marge.

MORGHEN (RAPHAEL)

1361 — La Comédie.

Très-belle épreuve, grande marge.

PORPORATI (C.)

1362 — Le Coucher, d'après Vanloo.

Très-belle épreuve avant toutes lettres.

1363 — Le Bain de Léda, d'après le Corrége.

Superbe épreuve avant toutes lettres, les noms des artistes tracés
à la pointe. Marge.

1364 — Vénus caressant l'Amour, d'après P. Battoni.

Belle épreuve.

RAJON

1365 — Un Amour platonique, d'après Zamacoïs.

Très-belle épreuve avant toutes lettres.

RICHOMME (J.-R.)

1366 — Le Triomphe de Galatée, d'après Raphaël.

Très-belle épreuve, avant les mots: *Ecrit par Amboise Richomme.*
Au bas, à droite, est écrit au crayon, de la main de l'auteur :
Richomme, à son ami Lebas.

ROMANET (A.)

1367 — Le Sommeil de Vénus, d'après le Titien.

Superbe épreuve avant la lettré, les noms des artistes tracés à
la pointe.

STRANGE (ROBERT)

1368 — Cléopâtre, d'après G. Reni.

Belle épreuve avec marge.

STRANGE (ROBERT)

1369 — Les Enfants de Charles Ier, d'après A. Van Dyck.
Magnifique épreuve, toute marge.

1370 — La Fortune, d'après G. Reni.
Très-belle épreuve, marge.

1371 — La Toilette de Vénus, d'après G. Reni.
Très-belle épreuve.

1372 — Vénus. — Danaé. Deux pièces d'après le Titien.
Belles épreuves.

1373 — Vénus mettant un bandeau sur les yeux de l'A-
mour, d'après le Titien.
Belle épreuve.

TOSCHI (P.)

1374 — La Vierge de la Scala, d'après le Corrège.
Superbe épreuve, avant toutes lettres, dite de remarque. Dans
la marge inférieure, à la gauche de l'estampe, on voit une figure de
Muse gravée à l'eau-forte. Elle a toute sa marge. Excessivement rare.

VIEL (F.)

1375 — La Paix ramenant l'abondance, d'après Madame
Vigée-Lebrun.
Très-belle épreuve, avant toutes lettres.

WILLE (J.-G.)

1376 — Les Bons amis, d'après A. Van Ostade.
Superbe épreuve avant toutes lettres mais avec les armes. Marge.

1376 *bis* — La même estampe.
Belle épreuve.

WILLE (J.-G.)

1377 — Bonne femme de Normandie. — Sœur de la bonne femme de Normandie. Deux pièces, d'après A. Wille.

Très-belles épreuves.

1378 — La Cuisinière hollandaise, d'après G. Metzu.

Très-belle épreuve. Marge.

1379 — Le Concert de famille, d'après G. Shalken.

Magnifique épreuve avant toutes lettres, mais avec les armes.

1380 — L'Instruction paternelle, d'après G. Terburg. Estampe connue sous le nom de la Robe de satin.

Superbe épreuve avant toutes lettres mais avec les armes. Elle a de la marge. Très-rare à rencontrer en aussi parfaite condition.

1381 — Jeune joueur d'instrument, d'après G. Shalken.

Très-belle épreuve. Marge.

1382 — La Liseuse. — La Dévideuse, mère de G. Dow. Deux pièces, d'après G. Dow.

Très-belles épreuves avant que la dédicace ait été effacée. Marge.

1383 — La Ménagère hollandaise, d'après G. Dow.

Très-belle épreuve.

1384 — Les Musiciens ambulants, d'après Dietricy.

Superbe épreuve avec la lettre mais avant l'*E* au mot *électorale*, sous le trait carré à la gauche de l'estampe. Elle a de la marge.

1385 — Les Musiciens ambulants. — Les Offres réciproques. Deux pièces, d'après Dietricy.

Belles épreuves.

1386 — La Petite écolière, d'après J. E. Scheneau.

Superbe épreuve avant toutes lettres mais avec les armes.

WILLE (J.-G.)

1387 — Le Petit physicien, d'après G. Netscher.
Magnifique épreuve avant toutes lettres. Elle a de la marge.

1388 — L'Observateur distrait, d'après F. Miéris.
Très-belle épreuve. Marge.

1389 — La Tricoteuse hollandaise, d'après F. Miéris.
Magnifique épreuve, avant toutes lettres, elle a de grandes marges et est de la plus grande fraicheur.

1389 *bis* — La même estampe.
Belle épreuve.

RUBENS (D'après)

1390 — La Vierge aux fruits. — Saint Ambroise. — Marche de Silène, etc. 16 p.

1391 — Marche de Silène, par de Launay.
Très-belle épreuve avant la dédicace.

TENIERS (D'après D.)

1392 — Compositions, gravées par Aliamet, Basan, Canot, Ingouf et autres, 15 p.
Belles épreuves.

DESSINS

—

AUBRY (L.)

1393 — La Réprimande. Composition ovale.

A la sépia.

BOUCHER (François)

1394 — La Bouquetière galante. Gravé par J.-B. Tilliard.

Charmant dessin en couleur.

1395 — Jeune Femme accompagnée d'une petite fille et
portant un jeune enfant dans une hotte.

A la gouache.

1396 — Femme nue, couchée sur une draperie.

Très-beau dessin aux trois crayons, lavé d'aquarelle, signé F.
Boucher, 1742. Provenant des collections Sauvageot et J. Niel.

1397 — Vénus assise sur une draperie

Beau dessin aux trois crayons.

1398 — Vénus, assise sur les nuages, regarde l'Amour qui
lui présente une pomme.

Beau dessin aux trois crayons.

BOUCHER (François)

1399 — Groupe de trois jeunes Femmes nues avec des Amours. Composition pour un plafond.

A la sanguine.

1400 — Groupe de quatre Amours dans les nuages.

Beau dessin aux trois crayons.

1401 — Vénus couchée entourée d'Amours.

Au crayon noir.

1402 — Trois jeunes Filles entourant l'Amour assis,

Au crayon noir.

1403 — Études de Têtes.

Au trois crayons, sur papier jaune.

1404 — Jeune Garçon debout, tenant un panier de fleurs.

Au crayon noir rehaussé de blanc, sur papier bleu.

1405 — Un Paysan, vu de dos, portant un panier de fleurs.

Au crayon noir.

1406 — Paysage. Au milieu un grand pont sur le bord duquel une Femme est appuyée.

Au crayon noir rehaussé de blanc.

BOILLY (Louis)

1407 — Deux Joueurs de cartes et un Fumeur,

Beau dessin au crayon noir rehaussé de blanc sur papier gris.

1408 — Les Joueurs d'échecs. Composition de onze figures.

Très-beau dessin à l'encre de Chine rehaussé de blanc.

1409 — Un Enfant coiffant un autre du chapeau de son grand-papa que l'on apperçoit derrière une porte.

A la plume lavé à l'encre de Chine.

BOILLY (Louis)

1410 — Deux Enfants coiffant un chien d'un bonnet; à droite, un autre enfant les regarde.

A la plume lavé à l'encre de Chine.

BOISSIEU (J.-J. de)

1411 — Village au bord d'une grande rivière, à droite un chaland et son canot chargés.

Très-beau dessin à l'aquarelle, signé et daté de 1781.

1412 — L'Ermitage. Gravé par le maître (voir Rigal. ii).

Très-beau dessin au lavis, signé et daté de 1791.

1413 — Vue d'un pays au bord d'une rivière; sur une hauteur à droite, trois grands arbres, au premier plan, une Femme montée sur un âne est suivie d'un homme.

Au lavis.

1414 — Étude de trois grands Arbres

Très-beau dessin au lavis, signé et daté de 1799.

1415 — Un Joueur de boules.

A la plume, lavé de bistre.

CHARDIN J.-B.-S.

1416 — Jeune Femme assise.

Aux deux crayons.

DUPLESSIS-BERTAUX

1417 — Un Tambour et un Fifre.

Charmant dessin à la sanguine.

ÉCOLE FRANÇAISE DU XVIIIᵉ SIÈCLE

1418 La Chocolatière.

A la sanguine.

FRAGONARD (J.-H.)

1419 — L'Amour s'approchant d'une jeune Fille couchée, d'après un tableau de G. Cagnacci.

A la pierre noire, gravé par Saint-Non.

1420 — Jeune Femme suppliée par son amant.

A la sépia.

GOYEN (J.-Van)

1421 — Vue d'un château au bord d'une rivière.

Au crayon noir lavé à l'encre de Chine.

1422 — Études d'arbres. Au premier plan, un chariot.

A la sanguine.

GRANDVILLE (J.-J.)

1423 — Une femme lisant un journal.

Croquis à la plume, rehaussé de blanc, signé.

GRÉGOIRE (Paul)

1424 — La Lecture. Signé et daté 1790.

A l'encre de Chine.

HACKAERT (J. Van)

1425 — Paysage animé de figures.

A la plume lavé à l'encre de Chine.

HUET (J.-B.)

1426 — Le Retour à la ferme. Composition importante. Nombreuses figures. Gravé par Mattet.

A la plume lavé d'aquarelle.

1427 — La Culbute. Gravé par J. Morret.

A la plume, lavé de bistre, signé et daté 1785.

1428 — Étude d'arbres. Sur le premier plan, à droite, une jeune femme assise.

Au crayon noir.

HIMPEL (A. Ter)

1429 — Vue d'un village de Hollande.

A la plume lavé d'encre de Chine.

HUBERT-ROBERT

1430 — Femme au bain.

A l'aquarelle.

HUYSUM (Jean Van)

1431 — Paysage. Au milieu un pont.

A la plume.

ISABEY (J.)

1432 — Place d'un marché.

A la plume lavé de sépia, signé et daté

LANTARA

1433 — Chemin au milieu d'une forêt.

Au crayon noir.

LAVREINCE (N.)

1434 — Le Coucher. Charmant intérieur Louis XVI.

A la gouache.

LE PRINCE (J.-B.)

1435 — Paysage. Groupe de Villageois et Animaux.

Au bistre, signé et daté de 1776.

1436 — Chaumières entourées d'arbres, au bord d'une rivière.

A la pierre noire.

1437 — Paysage animé de figures; sur la gauche, une chaumière.

A la pierre noire.

MOITTE (P.)

1438 — Sujets tirés de l'antique. Compositions pour deux bas-reliefs.

A la plume, lavés à l'encre de Chine, signés et datés de 1788.

MONSIAU (N.)

1439 — Bacchanale. Grande composition.

A la plume lavé de bistre et rehaussé de blanc.

MOREAU (J.-M.)

1440 — Une Nymphe et un jeune satyre. Composition dans un cadre ornementé.

A la plume lavé de bistre.

MOREAU (L.)

1441 — Promenade dans un parc.

Charmant dessin à la gouache.

NATOIRE (C.)

1442 — La Danse devant une ferme.

A la plume lavé et rehaussé, sur papier bleu.

OSTADE (Adrien Van)

1443 — La Danse au cabaret. Grande composition.

A la sanguine.

OUDRY (J.-B.)

1444 — Singes jouant la comédie dans un parc.

Beau dessin à la gouache, provenant du cabinet de Mme de Pompadour.

1445 — Paysage. Sur la gauche on aperçoit une chaumière derrière de grands arbres.

A la pierre noire, rehaussé de blanc sur papier bleu.

RUYSDAEL (Salomon)

1446 — Paysage. Sur une hauteur à droite, un homme conduisant un troupeau.

Charmant dessin à l'aquarelle.

SAINT-AUBIN (Gabriel de)

1447 — Les Filles du monde sont rasées et envoyées à l'hôpital, 1778.

Au crayon noir.

SAINT-AUBIN (Gabriel de)

1448 — Loth et ses Filles.

A la plume colorié.

1449 — La Promenade.

A l'encre de Chine.

SAINT-AUBIN (Augustin de)

1450 — Deux jeunes Femmes et un jeune Homme, assis autour d'une table, regardent des Enfants qui jouent par terre.

A la mine de plomb.

SCHENEAU (J.-L.)

1451 — Le Bonheur de la famille. Gravé par C. Holtzmann, 1772.

A l'aquarelle.

SERGENT (A.)

1452 — Le Magnétisme. Charmante composition gravée par Guyot.

A l'aquarelle.

TRINQUESSE

1453 — Étude de Femme assise.

Au crayon noir rehaussé de blanc sur papier roux.

1454 — Autre étude de Femme assise.

Au crayon noir rehaussé de blanc sur papier roux.

WATELET

1455 — Paysage. Au milieu, une chaumière et sur le premier plan, un porcher gardant deux porcs.

En couleur, signé et daté 1758.

WATERLOO (Antoine)

1456 — Deux petits Paysages.

A la plume lavés à l'encre de Chine.

WATTEAU (Antoine)

1457 — Étude de Femme à demi nue.

A la sanguine.

1458 — Les Comédiens français

Aux trois crayons.

WATTIER (E.)

1459 — Sujet tiré des Mohicans de Cooper.

1460 — Les jeune Amants.

Aux trois crayons.

1461 — Danse Vénitienne.

A la mide de plomb.

WILLE (P.-A.)

1462 — Le Concert champêtre. — Le Goûter champêtre. Deux compositions capitales gravées par Halm.

A la sanguine, signés et datés 1767.

WILLE (P.-A.)

1463 — Jeune Femme jouant de la guitare.

Beau dessin à la sanguine.

1464 — Jeune Femme assise,

Beau dessin à la sanguine.

1465 — Sous ce numéro, il sera vendu plusieurs lots d'estampes et les portefeuilles de la collection.

Vᶜᵉˢ RENOU, MAULDE et COCK, imprˢ de la Compagnie des Commissaires-Priseurs, rue de Rivoli, 144.   62280

Collection de M. Th... H...

SUPPLÉMENT

A la vente du Lundi 3 au Samedi 8 Avril 1876

RUE DROUOT, 5, SALLE Nº 4

Par le ministère de Mᶜ **Maurice DELESTRE**, Commissaire-Priseur,
rue Drouot, 23,
Assisté de **MM. DANLOS fils et DELISLE**, Marchands d'Estampes,
quai Malaquais, 15.

DÉSIGNATION

1034 *bis* — *Le Bon Genre*. Observations sur les modes et les usages de Paris pour servir d'explication aux cent quinze caricatures publiées sous le titre de *Bon Genre*, depuis le commencement du XIXᵉ siècle. *Paris*, chez l'éditeur, 1827.

Suite complète de 115 pièces coloriées, avec texte. 1 vol. petit in-fol. Magnifique exemplaire. Très-rare.

COURTRY (C.-L.)

1392 *bis* — L'Almée. — Un Marché d'esclaves. Deux pièces d'après Gérôme.

Premières épreuves avant la lettre (petite lettre gravée), sur Chine volant.

FORTUNY

1392 *ter* — Suite de neuf pièces gravées à l'eau-forte, publiées par Goupil, 1869

Superbes épreuves avant la lettre, sur Chine volant. Très-rare.

HÉDOUIN (Edme)

392 *quater* — Danseuses nubiennes, d'après Henriette Browne.

Très-belle épreuve avant la lettre.

JACQUE (Charles)

1392 *quinquies* — Eaux-Fortes, années 1864 et 1865. Deux suites de vingt-quatre pièces. Ensemble quarante-huit pièces.

Très-belles épreuves avant la lettre, sur papier de Chine.

JACQUEMART (J.)

1392 *sexto* — L'Impératrice à Nancy, d'après Meissonnier.

Très-belle épreuve avant la lettre.

RAJON (P.-A.)

1392 *septimo* — Le Liseur. — Le Peintre. Deux pièces d'après Meissonnier.

Très-belles épreuves avant la lettre, sur Chine volant.

1392 *octies* — Corps de garde d'Arnautes au Caire. — Jeunes Grecs à la Mosquée. — Le Muezzin. — Un Duel après le bal. — Un Hache-Paille égyptien. — Rembrandt dans son atelier. Six pièces d'après Gérôme.

Premières épreuves avant la lettre (petite lettre gravée), sur Chine volant.

Ves Renou, Maulde et Cock, impr de la Compagnie des Commissaires-Priseurs, rue de Rivoli, 144.   63538

Vᵉˢ RENOU, MAULDE et COCK

IMPRIMEURS DE LA COMPAGNIE DES COMMISSAIRES-PRISEURS

Rue de Rivoli, 144